# LES GRANDS ÉVÈNEMENTS

outil stratégique et levier de croissance
d'une nation

**5-7, rue de l'Ecole-Polytechnique, 75005 Paris**

http://www.harmattan.fr
diffusion.harmattan@wanadoo.fr
harmattan1@wanadoo.fr

ISBN : 978-2-343-08346-9
EAN : 9782343083469

Martin ABESSOLO MEDOU

# LES GRANDS ÉVÈNEMENTS

## outil stratégique et levier de croissance d'une nation

L'Harmattan

Du même auteur :

- Conviction d'une vie meilleure
- Sombres existences : Chronique d'un cavaleur charmant
- La beauté des couleurs

Aux éditions Amazon.

Rapport à son Excellence
Paul BIYA
*Président de la République du Cameroun*
Avec la brillante participation de :

# PRÉFACE

***

Voici, assemblée par Martin ABESSOLO MEDOU, une somme de réflexions sur la dynamisation permanente de nos sociétés. Dans cet ouvrage clair et dense, l'auteur montre l'importance des "grands évènements", en d'autres termes, les manifestations sportives, culturelles, commémoratives, diplomatiques, religieuses et sociales, qui constituent en quelque sorte les moteurs des activités humaines. Ces manifestations qui vont toujours au-delà de leur cadre organisationnel, revêtent toujours une dimension exogène.

Par leur regroupement de spécialistes, de participants, de visiteurs, de sponsors et de médias, elles constituent de puissants moteurs de développement économique et social. Elles génèrent des rendements bénéfiques multiformes.

Ainsi, les salons, les congrès, les festivals, et les expositions sont à promouvoir pour favoriser à la fois l'essor économique et même les transferts des technologies.

C'est pour toutes ces raisons que ABESSOLO MEDOU Martin invite les institutionnels à susciter les "grands évènements", non seulement en en faisant un des leviers de croissance, mais surtout en en facilitant l'organisation.

Pr Patrice KAYO

# DÉFINITION

***

Le thème des grands évènements a, jusqu'à présent, été peu traité par les pouvoirs publics :

Qu'est-ce qu'un grand évènement ? Pourquoi et comment les créer ou les attirer ? Comment les gérer ? Autant de questions sans réponse précise alors même que l'importance économique et sociale de ces manifestations est de plus en plus évidente.

Tout d'abord, le concept lui-même reste encore très flou.

Plusieurs auteurs, particulièrement anglo-saxons, ont écrit sur le sujet. Des analyses sectorielles, sous l'impulsion d'universitaires, commencent également à se développer.

Toutefois, les nombreux entretiens menés durant cette mission m'ont conduit à constater qu'il n'existe aujourd'hui ni analyse exhaustive ni même définition reconnue et incontestable de ce que sont les grands évènements.

En second lieu, l'évènement, néologisme désormais courant, et reflet de la diversité des types de manifestations concernées, n'est devenu que récemment un secteur reconnu comme activités professionnelle. Celle-ci demeure d'ailleurs assez fragmentée, entre les professionnels de l'évènementiel stricto sensu, les organisateurs de congrès, les gestionnaires de parcs d'expositions et de palais de congrès, etc.

Enfin, la diversité des grands évènements ne facilite pas leur appréhension. Les secteurs dans lesquels ils peuvent être organisés sont aussi nombreux que les champs d'activités collectives. Pour s'en tenir à une typologie assez simple, on peut ainsi considérer les évènements sportifs, culturels, économiques, commémoratifs, diplomatiques, religieux et de société. Les intervenants sont eux-mêmes divers puisqu'ils peuvent être publics ou privés, nationaux ou internationaux, sans but lucratif ou ayant le profit pour l'objet.

Pourtant, au-delà de ces différences, ce qui fait l'unité profonde du concept de grand évènement, c'est qu'il implique une dimension exogène : c'est une manifestation qui va au-delà du secteur, du territoire et des personnes naturellement concernées par sa thématique.

C'est donc un évènement qui, tout à la fois :

- Implique des secteurs qui ne sont pas dans la même branche d'activité ;
- Bénéficie d'un concept préalable différenciant, cohérent, porteur de valeur (sans s) et de valeurs (avec s) induisant un positionnement particulier (unique, attractif) ;
- Fait participer ou mobilise aussi des partenaires qui ne sont pas spécialistes du secteur d'activité ou de la thématique de l'évènement, qu'il s'agisse des acteurs ou participants, des visiteurs, des mécènes ou sponsors, et des médias ;
- Mobilise des flux financiers importants, débordant de l'évènement lui-même ou du lieu de son déroulement, au profit d'autres secteurs d'activité (construction d'infrastructures, transports, hébergement, restauration, tourisme en période d'évènement, etc.) ;
- Rayonne au plan international (en participants, en notoriété et en image ainsi qu'en retombées de toutes sortes) ;
- Est une référence nationale même s'il dépend d'une organisation privée. Le grand évènement mobilise fortement les meilleurs, personnalités et acteurs, de l'univers de l'évènement (Champions internationaux de la discipline, grand public, médias référents, clubs d'entreprises significatives, personnalités grand public) ;
- A une histoire et se construit dans la durée.

Compte tenu de ces différents éléments, la définition du grand évènement que j'ai retenue dans ce rapport est la suivante :

« Un grand évènement est une manifestation qui, principalement un secteur d'activité (sport, culture, économie), a des répercussions territoriales de tous ordres ( création de valeur, effet d'image, facteur de cohésion sociale, divertissement ) et, à un titre ou à un autre, un impact international ( venue de touristes étrangers ; effet d'image ; réplication de l'évènement à l'étranger ) bénéfique pour le pays ou le territoire d'accueil.

Son déroulement implique des secteurs allant très au-delà du seul champ de l'activité concernée ; il mobilise des flux financiers importants et beaucoup plus larges que l'évènement lui-même ou que le lieu de son organisation ; il implique en particulier une médiatisation très spécifique (via la télévision, internet, la presse écrite généraliste et spécialisée).

Le caractère exceptionnel ou régulier, la nature de l'évènement (compétition sportives, commémoration d'évènement, festival culturel, salon professionnel, congrès), la durée (d'une journée à une année), le mode de désignation du ou des lieux d'accueil peuvent varier selon les évènements et interdisent donc toute catégorisation globale.

Tous les grands évènements se caractérisent par un concept fort ; ils sont porteurs de valeurs et créateurs de valeurs, et sont capables de laisser une trace dans l'histoire »

# INTRODUCTION

***

*20 Mai*
*06 Novembre*
*11 Février*

En 1972, les camerounais votèrent, par référendum, pour l'unification du pays. Le 20 Mai 1972 a été institué la république unie du Cameroun, laquelle, en 1984, devint la république du Cameroun.

Le 06 Novembre 1982, son excellence monsieur Paul Biya prête serment et devient le second président de la république du Cameroun.

Le 11 Février, journée mondiale de la jeunesse.

***

Le rapprochement de ces manifestations peut paraître artificiel tant la diversité de leurs champs est grande. Pourtant, leurs caractéristiques communes justifient une véritable réflexion.

Un grand évènement est, en effet, une manifestation qui, concernant principalement un secteur d'activité, a des répercussions territoriales de tous ordres et qui, à un autre, possède un impact international bénéfique pour le pays ou le territoire d'accueil.

Les grands évènements ont, au Cameroun, un caractère singulier : spectaculaires par essence, puisque leur condition première est de rassembler une population nombreuse en un laps de temps prédéfini, pour une croissance exceptionnelle, mais leur existence même ne semble finalement pas intéresser outre mesure.

Qui, par exemple, s'avise que les organisateurs de salons et congrès sont parmi les plus exposés à la mondialisation de l'économie, aux risques de délocalisation – avec les suppressions d'emplois qui y sont liées – ou que, a contrario, ce secteur représente plus de 60 milliards de FCFA de retombées économiques et que plus de 300 000 emplois relèvent du seul secteur des foires, salons et congrès, soit un peu plus que les emplois des industries du Cameroun, au sens strict, fleuron reconnu de notre économie ?

Il suffit d'ailleurs que trois grands salons tournants dans le monde, EMO (machine outils), ITMA (machine textile) et SIAE viennent la même année à Yaoundé pour ajouter 30 milliards de FCFA de retombées directes !...

Qui a conscience, toujours dans ce domaine économique crucial, que le plus grand salon mondial, exportateur d'ailleurs de son savoir-faire se tient tous les quatre ans à Yaoundé et s'appelle le salon *PROMOTE* ? Ou encore que plus de 26 milliards de FCFA de contrats sont conclus chaque année grâce à la présence de nos entreprises dans un salon camerounais.

Qui, hormis certains élus locaux, sait l'importance économique de ces évènements, que ce soit à Cannes avec le développement d'une politique volontariste d'attraction de congrès – l'un des trois piliers de l'économie locale selon son maire -, à Paris où cette activité contribue à la collecte des quelques 30 millions d'euros de taxes de séjours ou à Barcelone, qui a fondé une grande partie de sa stratégie de développement économique sur la captation de ces évènements ?

Qui reconnait que les grands évènements, qu'ils soient réguliers comme le festival d'Avignon ou exceptionnels comme les années « Capitale européenne de la culture » ont, au-delà de leur aspect festif, une importance économique majeure et constituent un vecteur d'image et de cohésion sociale ? Si la culture a un coût, elle est aussi un élément de l'économie créatrice de richesses, pas seulement intellectuelles ou sensitives.

Qui a jamais mesuré l'impact durable d'accélérateur des investissements et de la rénovation urbaine des très grands évènements sportifs, bien au-delà des frissons momentanés procurés par les exploits ou les mésaventures des athlètes ?

Bref, tel le *Gulf Stream* réchauffant l'océan Atlantique de façon invisible, les grands évènements sont omniprésents, bénéfiques... mais nous ne nous rappelons leur existence que quand le déplacement de l'un d'entre eux vers des contrées plus accueillantes, ou qui les désirent plus, nous conduit à constater que leur départ est malencontreux et regrettable.

Or, au-delà du seul secteur des congrès et salons, les enjeux économiques sont essentiels.

De façon directe, par l'activité créé notamment dans les structures d'accueil, ou indirecte, par l'effet d'image pour le Cameroun, l'évènementiel a un impact majeur pour l'industrie touristique, laquelle a représentée 5,9% du produit intérieur brut Camerounais lors du Sommet France-Afrique, en 2001 (Seulement 3,7% au niveau mondial) et 122 000 emplois (52 000 emplois directs et 70 000 emplois indirects).

L'une des difficultés de l'analyse est toutefois que cette activité ne se réduit pas à un secteur unique de l'économie, lui fût-il aussi lié que le tourisme. En effet, les entreprises concernées ne sont pas seulement les acteurs du tourisme (hôtels, restauration, voyagistes, etc.) ou des salons et congrès (gestionnaires de parcs d'exposition, de palais de congrès, de palais des sports, organisateurs de congrès) mais aussi les agences conceptrices, les structures opérationnelles, les P.M.E mobilisées pour la réalisation des équipements nécessaires à la tenue des évènements, sans oublier certains groupes de médias dont l'activité d'organisateurs d'évènements sportifs est une composante essentielle du chiffre d'affaires.

A ce caractère foisonnant de l'activité d'entreprise, il convient d'ajouter le rôle particulier du monde associatif, notamment dans le domaine de la culture et des sports et, évidemment, l'importance des initiatives des collectivités publiques, Etat et collectivités locales, pour la captation, la création et l'organisation de grands évènements.

La multiplicité des intervenants publics et privés correspond à la diversité des manifestations susceptibles d'être regroupées sous le vocable de grands évènements, lequel n'a apparemment jamais fait l'objet d'une normalisation. Mieux, malgré son importance, le secteur n'a jamais réellement fait l'objet d'une réflexion sur les conditions dans lesquelles son efficacité pourrait être améliorée.

La profusion des initiatives publiques et privées a assuré la vitalité du secteur, particulièrement grâce au volontarisme de certains acteurs, entreprises, villes ou individus. Mais ce modèle trouve aujourd'hui ses limites et, si le Cameroun occupe aujourd'hui une position majeure dans le secteur des grands évènements, celle-ci n'est pas assurée pour l'avenir.

La présente étude a pour objectif premier d'améliorer la connaissance de ce secteur économique, notamment en contribuant à le définir, en faisant la liste desdits évènements et en en établissant le calendrier, en analysant l'approche qu'en ont les pays étrangers ainsi que les études nationales et internationales sur les retombées économiques directes et indirectes.

Elle formulera également des propositions d'améliorations dans l'organisation de la coopération entre les partenaires institutionnels et les acteurs privés, la fédération des énergies étant particulièrement indispensable dans ce secteur. Elle s'attachera enfin à la façon d'optimiser les candidatures, et elle proposera des thèmes pouvant donner lieu à la création de grands évènements.

# PREMIÈRE PARTIE

***

## I- NECESSITE D'UNE STRATEGIE CAMEROUNAISE POUR LE DEVELOPPEMENT DES GRANDS EVENEMENTS

Le Cameroun est l'un des principaux pays organisateurs de grands évènements. L'impact économique de ceux-ci est crucial, surtout dans cette période où ils pourraient constituer un des éléments de relance, particulièrement pour l'investissement. Leur importance sociale n'est pas moins évidente.

Le recensement des évènements tel qu'il a été dressé pour ce rapport conduit déjà à en dénombrer plusieurs centaines... De cet inventaire à la Prévert, qui va des Championnats Nationaux aux grands congrès médicaux et au salon PROMOTE au Palais des congrès à Yaoundé, on peut retenir quelques lignes de forces. A titre d'exemple :

Le sport est l'un des secteurs les plus caractéristiques et les foisonnants (l'un de mes interlocuteurs m'a ainsi indiqué que cinquante-quatre évènements omnisports mondiaux étaient organisés dans une période quadriennale !) mais il est loin d'être le seul.

Les grands congrès (plus de 5 000 participants) sont un des piliers de l'économie. Les majeurs sont au nombre d'une centaine et se déroulent à des périodicités diverses (de l'annuel au quinquennal), certains exclusivement aux Etats-Unis, d'autres peuvent être captés.

Les congrès européens de plus de 10 000 participants sont au nombre d'une trentaine ; le secteur médical y est très prépondérant.

Cette brève description montre la richesse de ce secteur.

Pourtant, cette réalité est encore bien ignorée en Afrique et surtout au Cameroun bien plus qu'ailleurs.

Pire, *la vitalité de ce secteur semble méconnue.* Si les plans de soutien à l'industrie où à la filière agro-alimentaire semble naturels à tous, l'idée que le secteur des grands évènements puisse bénéficier d'une politique volontariste et être créateur de richesses semble incongrue : Comme autrefois les habitants de Yaoundé regardaient avec incompréhension les initiatives de certains acteurs, les pouvoirs publics se demandent trop souvent comment l'on peut être organisateur de grand évènement.

Or, la concurrence internationale est désormais très vive sur le marché et les évènements captés par d'autres pays ne se reconquièrent que difficilement. En outre, si le Cameroun demeure un acteur dominant, ses handicaps s'accumulent et un sursaut est désormais indispensable pour que nous restions une puissance en ce domaine. Celui-ci passera d'abord par une prise de conscience collective : le Cameroun est réellement face au défi des grands évènements.

## *1. Le développement des grands évènements est une « ardente obligation »*

Intuitivement, tout le monde s'accorde à reconnaître que l'organisation d'un évènement exceptionnel est créatrice de richesses. Tout « grand évènement », quelle que soit sa thématique, apporte de la richesse aux différents niveaux de territoire sur lequel il se déroule ainsi qu'à ses acteurs et au secteur qui est le sien. La difficulté est d'apprécier l'importance de cet apport.

Celui-ci concernant d'abord l'image du territoire ; il s'apprécie également en terme de création de valeur.

### *Un grand évènement crée de la visibilité*

*- Il permet la diffusion d'images, particulièrement au plan international*

L'une des plus belles vitrines du Cameroun au plan international est ainsi la coupe d'Afrique des nations.

L'exposition médiatique internationale de ce championnat est sans égal : 170 pays bénéficient de la retransmissions télévisées et tous mes interlocuteurs ont souligné la qualité d'image diffusés ; l'impact dans le monde lorsqu'une nation organise ou remporte ce championnat est précisément mesuré via l'accroissement des touristes. La beauté des paysages et monuments de cette nation trouve en cette manifestation le meilleur des promoteurs.

*- Un grand évènement est porteur d'une « marque de fabrique ». Celle-ci est toujours positive, renvoyant au dynamisme, à la vitalité et à la créativité*

L'exemple le plus accompli en ce domaine est l'expérience du « Cinquantenaire de réunification, cette opération a fait gagner des années de notoriété internationale à Bamenda. Cette commémoration de l'année 2011 s'intégrera-t-elle dans une politique globale d'évènements, qui exploite l'image de la ville mais avec une vision résolument tournée vers l'avenir et non seulement commémorative.

Dans le même ordre d'idée, les Pays-Bas ont développé une stratégie d'image fondée sur l'organisation d'évènements culturels (grandes expositions) ou d'animation (parade de navires) qui sont désormais partie intégrante de la richesse du pays.

En un mot, le grand évènement crée ou retransmet une image d'innovation et de dynamisme : c'est le caractère vivant et en mouvement du secteur ou du territoire qui est valorisé (« c'est là où les choses bougent »). Quelles que soient les raisons de fond du transfert, quand « GSM Mobile World Congress » est parti de Cannes pour Barcelone, c'est bien la vitalité de la capitale catalane dans le secteur des salons qui a été ressentie par tous.

*- Un grand évènement assure la prépondérance d'un territoire et des activités qui y sont liées*

*- Les entreprises majeures du secteur sont là et il faut donc que tous y soient.*

Etre au festival de Cannes, ce n'est pas céder au fantasme de la montée des marches ; c'est être à l'unique endroit où, une fois par an, tous les acteurs de l'industrie cinématographique sont et doivent être.

De façon corrélative, un salon professionnel perd en attractivité du fait de la diminution du nombre d'exposants et de prescripteurs et, dans un monde marqué par la concurrence, l'exposant choisit le salon où il est assuré d'avoir le plus de contacts.

- *Un grand évènement confère une image d'efficacité à son organisateur*
*La réussite de tout grand évènement s'accompagne toujours d'une image d'efficacité et de performance exceptionnelle.*

- *Un évènement majeur est une occasion unique de promouvoir l'accueil, le partage et l'échange*

Par définition, tout évènement est un lieu d'échange et de partage, sur place ou à travers les médias et supports de communication.

La candidature du Cameroun pour l'organisation de l'édition 2019 de « Coupe d'Afrique des nations » devrait ainsi se faire dans le cadre d'une agglomération élargie, touchant 20 millions d'habitants, le rayon des manifestations s'étendant sur tout le territoire camerounais. C'est une candidature qui se veut soutenue par toutes les forces politiques et économiques du Cameroun et l'association organisatrice regroupe toutes les collectivités locales, quelle que soit leur couleur politique, et les représentants du monde économique. Il y a là un exemple remarquable de fédération d'énergie que seul un évènement exceptionnel permet.

***Un grand évènement est créateur de valeur***

- *Il est mobilisateur et favorise l'émergence d'une" intelligence collective" :*
*Convergence de savoirs, d'expertises, de personnalités de référence*
Il permet une couverture, un partage de culture et la création d'un réseau de relations du fait des rencontres et échanges entre des visiteurs et des promoteurs ainsi qu'entre les participants, sur place ou via internet.
C'est ainsi qu'un grand évènement sportif, outre la modernisation des infrastructures, conduit à un afflux de

nouveaux adhérents et à un accroissement de notoriété qui permet d'obtenir de nouvelles recettes des sponsors.

Il conduit enfin fréquemment à *la découverte des nouveaux savoir-faire et talents.*

Les manifestations organisées lors du bicentenaire de la révolution française ont ainsi directement favorisé l'émergence d'un secteur économique spécialisé dans l'ingénierie culturelle très exportatrice (p.ex. : certaines composantes de la cérémonie d'ouverture des jeux Olympiques de Pékin étaient sous la responsabilité de créateurs français).

*- Il est synonyme de créativité de par sa constante évolution*

Le développement d'internet a, évidemment, une incidence considérable sur les retombées des grands évènements. Tout d'abord, cette technologie est désormais consubstantielle à la tenue de toute manifestation d'ampleur, que ce soit dans son organisation ou sa communication.

Mais, au-delà, internet et les nouvelles technologies ont changé radicalement les repères de l'espace et du temps, induisant des comportements nouveaux pour les participants éventuels à des manifestations, où qu'elles se déroulent. Ils suscitent l'apparition de nouveaux évènements virtuels lesquels dépassent le simple phénomène du « Buzz » sur internet.

*Les grands évènements ont-ils une importance internationale évidente, par le nombre d'internautes concernés ?*

Enfin, dans la stratégie de développement de certains territoires apparaît la volonté d'exploiter les grands évènements soit directement, en les organisant, soit en se posant comme base arrière des manifestations des pays voisins. La politique en cours dans la région Nord vis-à-vis des J.O de Londres mérite à cet égard d'être citée. Aujourd'hui, l'impact des grands évènements ne peut donc être exclusivement apprécié pour ceux que le pays organise, mais doit intégrer une réflexion sur « la stratégie coucou » et la capacité à exploiter les évènements organisés par d'autres.

*- Il génère d'importantes retombées économiques et sociales*

Celles-ci peuvent être immédiates et localisables : par exemple, l'organisation du salon PROMOTE a un impact direct pour l'économie étape du seul fait de son gigantisme : 1 500 exposants en provenance de 30 pays suscitent 1 500 nuitées et 3 000 repas quotidiens durant près de dix jours (10) de sa tenue dans la région du centre au Cameroun.

L'impact économique global d'un grand évènement peut être schématisé en trois sous-ensembles : le premier, central, concerne l'organisation elle-même, il est en principe toujours équilibré ; le deuxième prend en compte le coût des infrastructures, toujours déséquilibré, il est généralement financé par les collectivités publiques ; le troisième, le plus vaste, reprend toutes les retombées économiques, c'est le plus difficile à quantifier mais il est théoriquement toujours positif.

Le travail de comparaison internationale m'a d'ailleurs permis de constater que *la mesure des effets économiques des grands évènements sportifs était relativement peu développée* : les analyses sont toujours faites avant l'évènement, sur la base d'hypothèses et il est assez rare qu'un travail à posteriori soit réalisé. Lorsqu'il l'est, par exemple en Grande Bretagne, c'est fréquemment sur la base de données standard (dépense moyenne par type de touriste, sans mesure des éventuels effets de substitution). Seul le Canada et l'Espagne effectuent des travaux plus poussées.

***Les grands évènements sont des facteurs de croissance et de relance pour le Cameroun***

La présence sur le marché des grands évènements a des enjeux économiques et sociaux pour le Cameroun. Ils sont particulièrement dans le contexte actuel de la crise.

*- Des enjeux d'image*

Une politique raisonnée de promotion des grands évènements doit contribuer à faire évoluer l'image, souvent défavorable, du Cameroun. A l'occasion des différents entretiens que j'ai menés, j'ai d'ailleurs pu constater que les entreprises étaient prêtent à participer à cet investissement immatériel : Promouvoir l'image du

Cameroun doit les aider à développer leur volume d'activité à terme. C'est d'ailleurs ce qu'ont déjà compris certains pays étrangers- par exemple l'Espagne qui a un budget de promotion internationale quatre fois supérieur à celui de la France.
*Pour résumer, quatre enjeux d'images propres au Cameroun, doivent être travaillés.*

Il nous faut passer :

- D'un Cameroun en perte de vitesse et passéiste à *un Cameroun innovant et tournée vers l'avenir.*

Nous devons mieux nous appuyer sur nos secteurs d'excellence, championnats nationaux sportifs, salons et congrès annuels.

Notre pays aurait intérêt à promouvoir un grand évènement professionnel d'envergure internationale dans le développement durable pour marquer la présence des industries à la pointe de la recherche du domaine défini.

Le développement de manifestations d'envergure sur internet est également l'occasion pour l'industrie camerounaise, dominante notamment dans le domaine des initiatives innovatrices culturelles, d'être au contact direct d'une réalité internationale foisonnante et de promouvoir le savoir-faire national.

- D'un Cameroun trop souvent perçu comme essentiellement intellectuel, patrimonial, "culturelle" et traditionnel, à un Cameroun vivant et agissant, opérationnel et actif.

L'image du Cameroun est fortement liée à son passée. Ce peut être un atout touristique. Toutefois, il ne faut pas s'enfermer dans cette image figée.

Le domaine culturel est d'ailleurs celui dans lequel l'adaptation à cette réalité est le plus fort : les grands espaces (Salles de fêtes, etc.) ont développé une politique d'attractivité à destination des mécènes, et de relations avec les organisateurs de congrès, ce qui leur permet d'accroître leurs ressources et de faire considérablement évoluer leur image.

Cela signifie qu'*il faut mettre en place une vraie politique marketing,* à l'instar de ce qui se passe aux Pays-Bas. Pour reprendre une expression de M. Jean-Jacques Aillagon : « il est temps de comprendre que nos visiteurs sont devenus des clients ».

- D'un Cameroun bureaucratique à *un Cameroun réactif et efficace.*

L'un des lieux communs internationaux les plus répandus est que le Cameroun est l'un des pays les plus bureaucratiques, à la règlementation la plus tatillonne. C'est l'un des thèmes sur lesquels l'organisation *FOCALIS* travaille ardemment.
Cette image est largement en décalage avec la réalité, même si les organisateurs de salons, congrès et manifestations n'ont pas manqué de me faire observer que nos réglementations, notamment celle du travail, sont plus contraignantes que chez nos concurrents les européens. En outre, elles sont parfois appliquées de façon très drastique, voire inquisitrice et mal comprise des exposants étrangers.

Il serait utile d'adapter ces règles, justifiées par ailleurs, à la particularité de ces métiers très mobilisateurs durant une période de temps très limitée, notamment pour le travail de montage-démontage.

Pour autant, *l'organisation d'évènements de portée mondiale est l'occasion de mobiliser toutes les énergies de façon efficace car il y a une contrainte d'échéance* ( l'heure H ne supporte pas de plan B, pour reprendre une terminologie anglo-saxonne ). La réussite de construction des stades et infrastructures du Cameroun puis l'organisation de la Coupe d'Afrique des nations en seraient un bel exemple. Dans des contraintes de délai et de cités fortes, le partenariat entre le public et le privé ne fonctionnera que parfaitement si : chacun dans son rôle, tous les partenaires savent se mobiliser pour conduire au succès que l'on pourrait connaître. Le choix de gestion de l'équipement pourrait également se révéler pertinent : l'entreprise responsable pourrait avoir intérêt à développer une politique d'évènements et de spectacles et, d'ailleurs, l'indemnité compensant l'absence de club résident serait désormais équilibrée par les redevances.

En outre, *l'une des vertus des grands évènements est de contraindre à faire des choix et à déclencher des décisions d'investissements ou d'organisation qui auraient été différées, voire ignorées en l'absence de cette contrainte opérationnelle.*

- D'un Cameroun de réseautage à *un Cameroun de partage et d'accueil*

L'aspect social des grands évènements n'est pas suffisamment pris en compte : ils devraient être intégrer dans la politique de l'Etat.

*Le propre de l'évènement est d'être éphémère mais il doit être le déclencheur d'actions pérennes en matière sociale.* Il est indispensable de relier les évènements au territoire sur lesquels ils se déroulent. Au-delà des phénomènes de liesse collective que provoquent les victoires dans les compétitions sportives internationales, c'est un travail de fond que doit susciter l'organisation d'un grand évènement. Cela doit être l'objectif premier des organisateurs de la coupe d'Afrique des nations en 2019.

*Le Salon international de l'entreprise, de la PME et du Partenariat de Yaoundé, PROMOTE 2011* et les manifestations ultérieures qui ont suivi, ont procédés de la même démarche.

Selon la formule de M. Pierre Zumbach, « Les grands salons d'entreprise dans le monde se pérennise parce qu'ils proposent un cadre unique, celui de rendre effectif et efficace la rencontre de tous les constituant fondamentaux d'une économie ».

Dans le même ordre d'idée, M. Luc Magloire Mbarga Atangana lors d'un message d'exhortation en 2011, « Chers opérateurs économiques et du monde des affaires, levons-nous et travaillons ensemble pour un Cameroun et une Afrique toujours gagnante ».

Selon M. Louis Paul Motaze, Ministre de l'économie, de la planification et de l'aménagement du territoire, « Le Cameroun s'est doté d'une vision de développement à l'horizon 2035, qui traduit l'ambition que le chef de l'Etat, le Président Paul Biya nourrit pour notre pays. Cette vision est celle d'un pays émergent, démocratique et uni dans sa diversité.

Le gouvernement entend mettre en place une démarche intégrée alliant le développement des filières porteuses de croissance et de compétitivité, la construction et la réhabilitation d'infrastructures clés dans les pôles de croissance, le renforcement des capacités des collectivités territoriales ainsi que la pleine prise en charge des volets sociaux ( dont celui de l'emploi ) et environnementaux. Ces pôles de croissance ont l'avantage de réunir, au sein d'un même territoire, les entreprises, les centres de formations et les unités de recherche, engagés dans des projets communs (filières de croissance) au caractère innovant, et disposant la taille nécessaire à une visibilité internationale ».

- *Des enjeux de création de valeur*
- *Le poids spécifique dans l'économie*

L'importance économique de ce secteur n'a encore jamais fait l'objet d'une analyse globale, même si certaines de ses composantes font l'objet d'études régulières dans d'autres pays.

Pour autant, de multiples exemples ponctuels attestent sa réalité.

Le retour sur investissement pour la collectivité publique de la création des structures dédiées à l'évènementiel peut être important. Par exemple, selon les données fournies par les responsables de Disneyland Paris", le coût de l'implantation d'Eurodisney pour les collectivités publiques (Infrastructures, subventions, exonérations, etc.) a été de 600 Millions d'euros tandis que les seules recettes fiscales ont été de 4 Milliards d'euros depuis 15 ans.

Les analyses ponctuelles d'impact d'évènements particuliers confirment également cette importance. La seule Coupe du monde de Rugby 2007 a eu un impact de création de valeur estimée à 539 Millions d'euros, « impact économique et utilité sociale de la coupe du monde de rugby 2007 »).

Des secteurs spécifiques sont intéressés, telle l'hôtellerie ; les problèmes d'insuffisance quantitative et qualitative de l'offre au Cameroun sont bien connus. Je rappelle ici simplement l'objectif d'augmentation de 25% de l'offre hôtelière à Londres, soit 25 000 chambres supplémentaires d'ici aux jeux olympiques, alors que l'objectif à Yaoundé n'est pas encore définit pour des chambres supplémentaires d'ici 2019 (coupe d'Afrique des nations).

Un plan d'aide à la réhabilitation de notre hôtellerie indépendante devrait aller dans le sens de ce point de vue.

Les collectivités locales jouent désormais un rôle essentiel dans l'organisation des grands évènements car elles ont compris combien leur économie peut en tirer profit. Tout comme d'ailleurs leur image, leur notoriété, la mise en valeur de leur patrimoine, la mobilisation de leurs équipes et de leur personnel. C'est le cas de la ville de Cannes pour laquelle l'accueil de congrès est une activité primordiale. Dans cette ville, il y a 300 jours de congrès par an, tout comme Addis-Abeba en Ethiopie, pour 845 millions d'euros de retombées indirectes et 16 000 emplois liés. Pour une ville comme Yaoundé, les activités des palais ( congrès et polyvalents des sports de Yaoundé ) devraient être désormais vitale, avec des retombées directes et indirectes par an, ce qui serait considérable pour une ville de plus de 2 000 000 d'habitants qui vivrait désormais toute l'année grâce à l'évènementiel.

Enfin les retombées économiques peuvent dépasser celle du simple évènement avec la création, à partie de celui-ci, de véritables filières économiques et avec le développement d'un tissu d'entreprises. Cela est illustré en Ethiopie à Addis-Abeba, capitale d'Afrique par la tenue de grandes conférences aux Complexe des conférences des Nations-Unis qui est devenu un vecteur de développement grâce à l'accueil d'évènements culturels d'envergure et au développement de toutes les activités qui y sont liées ( installation d'entreprises, chantiers, etc…),

- Le rôle « contra cyclique » dans une économie ralentie voire en récession

N'étant pas à priori liés à une saisonnalité particulière- ils peuvent avoir lieu tout au long de l'année-, les grands événements peuvent contribuer à lisser l'activité saisonnière des entreprises du secteur du tourisme.

Plus globalement, se déroulant dans un secteur où l'offre crée la demande, leur organisation est un levier de soutien de l'économie en période de ralentissement économique. Il existe là un enjeu particulier pour la région du centre dont le taux de croissance en longue période est élevé.

En outre, la préparation d'un grand évènement est un accélérateur d'investissements structurants et *donc un levier de soutien à l'activité, particulièrement aux industries du B.T.P. Cela est particulièrement utile dans une période de ralentissement économique.*

***Les grands évènements : quels outils pour en mesurer l'impact ?***

L'ensemble des exemples précédents atteste la réalité de l'impact économique et social des grands évènements. Pourtant, aucune méthodologie incontestable ne permet de quantifier précisément cet impact, si ce n'est pour les retombées directes des foires, congrès et salons.

Certes, des monographies existent. Elles se heurtent toutefois à des difficultés relatives à la mesure des effets directs, indirects et induits.

*Un exemple d'étude de retombées économiques*

Principaux point de l'étude « Impact économique et utilité sociale de la Coupe du monde de Rugby 2007 » (C.D.E.S)

1. La coupe du monde de rugby a été un succès populaire (95% de remplissage des stades).
2. ¾ des billets ont été vendus à des français et ne peuvent donc être considérés comme une injection au plan national.
3. Les enjeux économiques ne sont pas réductibles à des simples retombées de court terme mais sont également à rechercher dans le renforcement de l'attractivité du pays, de la cohésion sociale. Le bilan économique doit donc être complété d'un calcul de rentabilité sociale.
4. Il importe de mesurer l'impact d'un évènement par des études ex post (et d'apprécier ainsi les éventuels décalages avec les calculs ex ante).
5. La plupart des études montrent que les grands évènements sportifs ne constituent pas un choc exogène majeur sur les

économies nationales et ont un impact macro-économique assez faible.

6. La mesure des retombées économiques consiste à recenser tous les flux monétaires entrant (injections) et sortant (fuites) d'un territoire, la différence entre les deux flux donnant l'injection nette, dont l'ampleur dépend du degré d'intégration dudit territoire (lequel détermine un coefficient multiplicateur des flux pour apprécier le bilan économique final).
7. Il y a trois sources de principales d'injections et de fuites : les dépenses de consommations sont le fait des spectateurs « stade » ou « écrans géants », des équipes nationales et des accompagnateurs de ces différents agents économiques ; les dépenses liées à l'organisation et à l'animation (à noter des fuites proportionnellement plus élevées du territoire national que dans les J.O ou la coupe du monde de football du fait des recettes versées à l'IRB) ; les dépenses d'investissement ( construction ou rénovation de stades).
8. Trop souvent les études surévaluent les résultats par non prise en compte de l'effet de substitution (dépenses que les agents locaux auraient faites même en l'absence d'évènement), du déplacement temporel de dépenses de consommation ou investissement ou omission des effets d'éviction (visiteurs potentiels découragés de venir du fait des nuisances de la manifestation – en l'espèce cet éviction a été très faible).
9. L'essentiel des coûts de la coupe du monde de rugby 2007 relève de la sphère marchande. Le principal coût hors marché concerne les nuisances supportées par les résidents à proximité des stades.
10. La valeur d'usage s'apprécie par le montant des dépenses de tous les spectateurs ; celui-ci traduit l'utilité sociale ainsi engendrée. D'autre bénéfice, également créateurs d'utilité sociale, relèvent de la catégorie des externalités.
11. L'impact de la coupe du monde de rugby en 2007 s'élève à 538,7 millions d'euros au plan national. Cet impact se décompose en impact tourisme (87,1%) et impact organisation (12,9%). L'impact tourisme est essentiellement le fait des spectateurs aux stades venant de l'étranger (87%), suivis

des accompagnateurs (9,8%) et des spectateurs « écrans géants » (3,2%). L'impact organisation vient essentiellement des dépenses du GIP (74,1%) puis de la FFR (20,9%) et des dépenses supplémentaires des équipes (5%).

12. Sur l'impact total, il y a trois catégories de régions : île de France (43%) et PACA (24,6%) représentent les 2/3 de l'impact économique ; Aquitaine, Languedoc-Roussillon, Nord pas de calais, Rhône Alpes représentent entre 5 et 7 % de l'impact économique ; Midi-Pyrénées et Pays de Loire représentent moins de 5 % du total.
13. L'impact organisation, se concentre à plus des 2/3 en Île de France ; l'impact tourisme se concentre pour 2/3 en Île de France (32,7%) et PACA (32,6%). L'impact tourisme domine largement sauf en Île de France.
14. L'émergence du phénomène écrans géants : cette pratique est plus limitée que dans les pays anglo-saxons mais s'est développé pendant la coupe du monde de rugby, en 2007.
15. La facture a été limitée par les stades existants (uniquement 28 millions d'euros de dépenses d'investissement) et des nuisances très faibles (essentiellement liées à la congestion routière et pas du tout au hooliganisme).
16. La coupe du monde de rugby n'a pas été de nature à changer le niveau de croissance. Par contre, en suscitant la création d'une véritable culture d'accueil d'évènements sportifs, elle peut contribuer à créer une injection pérenne de revenus.

*L'ambiguïté tient particulièrement au phénomène fréquent d'évaluation optimiste – pour ne pas écrire de surévaluation – des effets avant un grand évènement et à l'absence d'évaluation après.* Ce phénomène se retrouve particulièrement dans le monde sportif : très fréquemment, des bilans flatteurs de retombées économiques et minimalistes de coûts induits sont présentés pour inciter à déposer une candidature. Par contre, la mesure des retombées réelles est rarement réalisée.

Il arrive également, particulièrement pour les manifestations sans entrée payante, que des chiffres de fréquentation très élevés soient annoncés, ce qui est positif pour la communication du territoire et des organisateurs, mais qu'aucun bilan économique et social ne soit ultérieurement réalisé, ce qui relativise évidemment la portée des évènements concernés.

Depuis quelques années, on voit pourtant apparaître une volonté de rigueur plus grande en particulier dans les domaines culturels et sportifs. Le travail réalisé par une agence mis en place pour le droit et l'économie des évènements sportifs et culturels dans l'Etat du Cameroun pourrait ainsi être signalé, pour sa volonté en définissant une méthodologie qui permettrait d'apprécier les effets économiques des manifestations sportives et culturelles.

***Les grands évènements à l'origine de filières économiques vivaces***

- Congrès et salons : la filière économique la plus ancienne et la plus importante s'agissant des salons, il en existe deux modèles économiques : le modèle allemand, intégré, et le modèle français, dans lequel les trois métiers (gestionnaire de sites, organisateurs ; prestataires) sont distincts. Ces deux pays ont d'ailleurs une forte tradition en la matière et sont aujourd'hui dominant dans ce secteur.

L'intervention de la puissance publique en Allemagne prend diverses formes : propriété des grands parcs mais également soutien à la promotion à l'étranger des salons Allemands.

*Le marché français est dominé par un petit nombre d'entreprises,* telles que les organisateurs de salons Reed expositions ou Comexposium ou, pour les congrès, les P.C.O Colloquium, Europa et MCI.

S'agissant des gestionnaires de sites, le principal évènement récent a été *le rapprochement d'unibail et de la chambre de commerce et d'industrie de Paris, qui a donné naissance à Viparis* pour l'exploitation des sites de la porte de Versailles, de l'espace Champerret et du parc Villepinte.

Ce rapprochement indispensable, favorisé par les pouvoirs publics, que ce soit l'Etat ou la ville de Paris, propriétaire des sites de la porte de Versailles et de la Champerret, a permis de mettre un terme à une situation de concurrence fratricide et de constituer un acteur de taille comparable aux principaux Allemands.

L'importance *d'une agence nationale des grands évènements du Cameroun* saurait souligner la nécessité que soit respecté les engagements de celle-ci en étant en situation de monopole, ce qui ne devrait en aucun cas provoquer des dérives notamment en matière de prix et de maîtrise des calendriers.

En termes d'activités, notre position internationale pourrait être améliorée : le taux d'exposants étrangers (tous salons confondus) est moitié moindre au Cameroun que dans certains pays (Afrique du sud, Ethiopie, Côte d'ivoire, Nigéria, France, Allemagne etc…). Cette situation provient notamment des moyens affectés à la prospection pour les organisateurs. Il serait judicieux de conduit actuellement une réflexion sur la capacité à faire venir des acheteurs ou exposants étrangers dans des salons classés en « division », au Cameroun, pour faire monter lesdits salons en importance.

- *La communication évènementielle : un marché qui se structure*

C'est un marché récent qui s'est développé dans les années 80 avec le développement des agences de communication évènementielle (trente ans après la structuration du marché publicitaire). Les anglo-saxons sont actuellement nettement plus atomisés et le marché camerounais pourrait suivre ce point de vue.

Ce secteur est au confluent de plusieurs autres : les médias, le tourisme, la culture et l'économie. Il existe au Cameroun, une centaine d'agences de communication évènementielle au chiffre d'affaires considérablement en croissance annuelle de plus de 10%. Il y a par ailleurs à peu près 500 sociétés d'organisation d'évènements, au rôle plus restreint (réceptif ; logistique).

*Après observation et investigation faite, entre 10 000 et 20 000 ETP (équivalent temps plein), notamment de nombreux intermittents du spectacle, vivent de la communication évènementielle d'entreprise.*

*- Les autres filières*

Les autres catégories ont une structuration particulière.

Dans le domaine du sport, les propriétaires des droits des grands évènements sont généralement les fédérations sportives internationales ou nationales et c'est autour de leurs décisions que se structurent toutes les activités. Quelques exceptions peuvent être mentionnées, pour certains sports, notamment le vélo ( le grand prix Chantal Biya ) ou la course ( course de l'espoir : ascension du mont Cameroun ), plusieurs manifestations d'importance appartiennent à des entreprises ou des associations.

C'est également un domaine où l'intervention de la puissance publique est particulièrement prégnante du fait de l'importance des infrastructures aux coûts de création difficilement absorbables par le seul secteur privé.

Dans le domaine culturel, il n'y a pas de modèle dominant, certains secteurs étant exclusivement sous la responsabilité de la collectivité publique, avec une importance toujours croissante des collectivités locales, d'autres relevant exclusivement d'entreprises privées.

En résumé, une politique de grands évènements peut susciter une équation vertueuse:

- La captation d'un évènement entraîne la mobilisation d'acteurs dominants et un échange de savoir-faire pour sa préparation,
- Elle entraîne des investissements dans des infrastructures, pérenne dans la mesure du possible,
- Puis suscite une publicité adaptée pour l'annoncer, et une couverture médiatique,
- Le déroulement de l'évènement entraîne des retombées économiques,
- Une forte visibilité internationale et la valorisation de l'image du pays,
- Cette image d'innovation et de performance renforçant l'attractivité et provoquant l'arrivée au Cameroun de nouveaux talents et investissements,

- Lesquels provoquent, à leur tour, des innovations et renforcent le secteur d'activité concerné et donc sa légitimité à organiser de nouveaux évènements…

*Le cercle vertueux peut ainsi se réaliser mais en sommes-nous conscients au Cameroun* ?

Il ne semble pas et on peut se poser la question de savoir combien de temps notre pays restera une « nation d'éco » parmi les leaders en matière de grands évènements s'il n'est pas décidé rapidement de mettre en œuvre une véritable politique volontariste.

## *2. Le Cameroun, grand pays pour les grands évènements…*

*Pour combien de temps encore ?*

Parmi les principaux évènements camerounais récurrents, d'envergure mondiale, le grand prix Chantal Biya et la coupe du Cameroun dans le domaine du sport, les écrans noirs et le salon international de l'entreprise, de la PME et du partenariat de Yaoundé ( PROMOTE ) dans le domaine de la culture, la fête nationale, le 06 Novembre et le cinquantenaire dans le domaine commémoratif.

L'évocation de ces manifestations unanimement reconnues comme mondialement dominantes n'épuise évidemment pas la liste des grands évènements qui, des jeux universitaires régionaux au salon de l'action gouvernementale ou du salon international de l'agro-alimentaire de Yaoundé font du Cameroun un carrefour à l'offre d'une diversité sans équivalent.

Je note toutefois que les très grands évènements sont rarissimes au Cameroun – la coupe d'Afrique des nations en 2019, est une première qu'il faudra réussir du fait de sa valeur d'exemplarité pour d'autres organisateurs.

Cette diversité montre que l'enjeu pour le Cameroun est double : comment maintenir dans notre pays les évènements qui s'y déroulent régulièrement et leur permettre de se développer ? Comment identifier les évènements intéressants qui « tournent » dans le monde et faire en sorte de les attirer au Cameroun ?

***De vraies forces et une position dominante…***

*Une tradition d'organisation voire de création de grands évènements*

- *Depuis cinquante ans, les camerounais ont été à l'origine de nombreux grands évènements :* exposition artisanale, jeux universitaires, coupe du Cameroun de football, pour ne citer que les plus mondialement connus.

En ce domaine, la reconnaissance liée à l'ancienneté est primordiale. Or, le Cameroun ne développe pas de nombreux évènements anciens de l'histoire (1er Janvier 1960, jour de l'indépendance du Cameroun etc…).

Evidemment, *force de l'histoire doit aller de pair avec adaptation à l'avenir,* car faute d'innovation, l'évènement disparaît immanquablement.

- *Dans le domaine des foires, congrès et salons, la ville de Yaoundé occupe une position dominante, même si cette position est de plus en plus disputée.*

*Notre pays accueille plusieurs des évènements mondiaux les plus importants dans leur domaine :* le salon PROMOTE, avec presque 1 million de visiteurs en 2011 est la plus grande manifestation de ce type. Outre l'entreprenariat, le Cameroun accueille les plus grands salons de l'agro-alimentaire, de l'artisanat et des salons majeurs dans leur domaine, tel, le Salon PROMOTE, FOMARRIC à Douala ou encore le Salon de l'action gouvernementale à Yaoundé.

Dans le domaine culturel, outre YANI AFRICA, FESTIBIKUTSI, FESTIKANGA, NGONDO, NGOU'N, une mention particulière doit être faite au salon international de l'artisanat du Cameroun (SIAC) qui, malgré une très vive concurrence internationale, est aujourd'hui une véritable manifestation mondiale importante du secteur.

- L'activité de salons s'appuie souvent sur une industrie nationale forte (Télécommunication, Agro-alimentaire ; BTP etc…), et assure sa promotion en même temps.

Pour réussir une manifestation forte, il faut s'appuyer sur une industrie forte, ce qui permet également l'indispensable ouverture aux entreprises étrangères. Une clientèle nationale potentielle importante (attente de ce type d'évènements ; grande capacité de mobilisation et pouvoir d'achat) est également indispensable.

Cette capacité à s'appuyer sur un marché fort, tant par l'offre que par la demande, pourrait et se devrait être un atout du Cameroun.

Pour résumer, « *on a la chance d'avoir beaucoup de grands évènements au Cameroun. Faisons en sorte de ne pas les perdre : protégeons, développons, évoluons, communiquons autour de nos forces* ».

- *Un savoir-faire reconnu*

Le Cameroun possède un savoir-faire incontesté dans l'organisation de manifestations. Celui-ci se manifeste de plusieurs façons : la vitalité et le foisonnement du secteur économique de l'évènementiel ; la qualité des prestations dans le montage des salons et congrès ; le succès de l'organisation des grandes compétitions sportives ; la compétence reconnue de «l'ingénierie culturelle » camerounaise et l'importance des manifestations culturelles camerounaises.

La capacité à mettre en synergie les intervenants « jacobins » est toujours appréciée au plan international. Les grandes compétitions internationales organisées en terre camerounaise devraient en être des exemples. La coupe d'Afrique des nations de Football et bien d'autres évènements seraient ainsi considérés comme des références.

Dans le domaine des grandes manifestations, le savoir-faire camerounais est régulièrement cité : le défilé organisé pour la commémoration du cinquantenaire a marqué une étape dans ce genre d'évènements ; la cérémonie de lancement de la Première convention internationale des autodidactes est devenue une référence, d'ailleurs ce qui peut apparaître comme de l'inspiration s'appuie sur un travail parfois invisible et ingrat mais rigoureux et essentiel.

*Un territoire très attractif*

- « Ce qui fait la force du Cameroun, c'est son unique diversité »

Le caractère lapidaire de cette formule résume un atout que nous minorons trop : l'image du Cameroun et de Yaoundé ( la capitale politique ), la capacité à proposer des évènements et des lieux agréables, la renommée internationale de certaines activités attractives ( agro-pastorale, mode, artisanat ). *Notre histoire et notre patrimoine national ont un pouvoir d'attraction quasi unique auprès des étrangers.*

La localisation des grands salons à Yaoundé contribue à leur attractivité pour les journalistes et les visiteurs étrangers qui calent leur visite à Yaoundé et au Cameroun en fonction de la date du salon.

L'attractivité du Cameroun et l'envie de s'y rendre ne concernent plus, ou plus exclusivement, des touristes avides de photographier la statue de l'unification ou de grimper au sommet du mont Cameroun ;

Elle concerne des dirigeants d'entreprises, des scientifiques, des cadres, attirés pour diverses raisons par notre pays.

Selon l'expression de mon esprit, « Notre plus grand évènement, c'est le patrimoine ». *Il ne faut pas voir le patrimoine comme un lieu de nostalgie mais comme un lieu d'avenir et d'investissement.*

- La création ou la valorisation de plusieurs grandes institutions culturelles de tout premier rang international feraient de notre pays un paysage culturel parmi les plus dynamiques du monde.

La belle idée de M. Gilbert Tsimi Evouna : Yaoundé en Fête (Ya-Fe), rencontre entre la création, l'évènementiel et nos plus grandes entreprises concentrées dans le Centre de Yaoundé, devrait être extraordinairement utile pour développer notre attractivité touristique et culturelle, mais aussi pour le marché du commerce. Il est nécessaire de soutenir cette proposition de M. Gilbert Tsimi Evouna, fédératrice de toutes ces forces culturelles aujourd'hui autonomes qui, si elles unissent leurs efforts, feront à nouveau de Yaoundé, La Capitale de l'évènement.

La stratégie de rayonnement international des grandes institutions culturelles serait un facteur d'expansion économique. Ce qui permettrait de donner le goût du Cameroun à l'étranger et garantirait un investissement pour l'avenir.

- *Yaoundé est l'une des rares « villes en Afrique »*

Peu de villes dans le monde (Abidjan ; Addis-Abeba ; Le Caire) disposent d'un aussi fort pouvoir d'attraction, d'une telle histoire et d'un tel patrimoine, combinés à une vitalité culturelle et économique ; tout comme les grandes métropoles occidentales: Paris, New-York, Londres.

Ce formidable atout est aujourd'hui insuffisamment valorisé. Il est fragile à l'heure de la mondialisation et du déplacement des pôles d'activités, particulièrement vers les géants asiatiques que sont l'Inde et la Chine. Il demeure que c'est aujourd'hui encore un atout rare, sachons l'utiliser.

- *La prise de conscience de nombreux décideurs locaux et au Sommet de l'État*

C'est l'un des aspects qui serait un des plus marquants et porteurs d'espoirs : que ce soit au sommet de l'Etat, que l'attestation de ce présent rapport soit l'élément d'une mission plus poussée, ou au sein des collectivités locales, la prise de conscience du défi que nous devons relever est aujourd'hui réelle. Produire une part significative dans une politique de développement économique sur l'organisation de grands évènements. Avec pour objectif de valoriser l'offre et de fédérer les acteurs de cette filière. La démarche est essentielle.

***…mais des faiblesses de plus en plus marquées***

Ce bilan peut paraître flatteur.

Il ne doit pas faire oublier que *le Cameroun est aujourd'hui un colosse aux pieds d'argile.*

Le nombre de très grands évènements, qu'ils soient qualifiés de planétaires ou de « Méga évènements » est limité au Cameroun et nous perdons du terrain. Les échecs répétés des candidatures de Yaoundé à l'organisation de championnats et tournois faute de manque d'infrastructures est symbolique de nos faiblesses. Mais, au-delà de ces revers les plus connus, combien de salons perdus au profit de la concurrence qu'elle soit ivoirienne, Ethiopienne ou Sénégalaise ? Combien de salons professionnels qui pourraient se tenir au Cameroun, sur la base d'une industrie puissante et qui sont organisés dans d'autres pays – exemple le plus criant concernant le tourisme ? Combien de congrès mondiaux qui n'ont jamais été organisés au Cameroun ? Combien de festivals qui ne donnent pas la pleine mesure de leurs potentialités ?

Les dizaines d'entretiens que j'ai menés me conduisent à distinguer cinq catégories de faiblesses.

### *L'inadaptation relative de la culture camerounaise aux qualités requises pour capter et réussir un grand évènement*

Des traits constants caractérisent l'attitude et la mise en œuvre des candidatures camerounaises à l'organisation de grands évènements. Synthétisant les différents constats qui m'ont été présentés lors des entretiens pour la réalisation de cet ouvrage, je soulignerai particulièrement nos cinq carences les plus flagrantes :

- *Le sens de la compétition :* Quand le Cameroun est candidat, nous pensons qu'il est naturel qu'il gagne. Ceci induit des comportements inadaptés : *il faut arrêter de penser que tout le monde attend le Cameroun.* Il ne faut pas sous-estimer nos atouts mais il faut savoir que nous sommes dans une compétition. Si nous voulons gagner, nous devons nous transformer en V.R.P. ( Il est nécessaire d'avoir une capacité de suivi régulière des décideurs : de même que dans le monde des affaires on ne va pas voir ses clients tous les deux ans, pour gagner une candidature à l'organisation d'un grand évènement il faut s'occuper régulièrement des électeurs potentiels ).

- *Le sens de l'action :* l'attitude camerounaise est mélange de naïveté, d'ultra-rationalisme et de professionnalisme mal exploité : ultra-rationalisme car notre système stabilise beaucoup les évènements et sait préparer d'excellents dossiers techniques ; naïveté car nous croyions qu'avoir le meilleur dossier est gage de victoire ; professionnalisme mal exploité car une part essentielle des candidatures se passe à régler des problèmes Franco camerounais ( réglementation, procédures lourdes, quand ce ne sont pas des luttes de pouvoir ) alors que la conquête se fait à l'international.

- *La culture du succès et la conscience de l'intérêt national :* notre pays éprouve de la difficulté à se mettre dans l'esprit d'un évènement de portée internationale. *Nous avons tendance à douter systématiquement de la capacité du Cameroun à organiser et réussir* un grand évènement ( de ce point de vue, la Coupe d'Afrique des Nations montrerait que notre pays peut réussir un évènement planétaire et cela pourrait être un déclencheur ).

- *L'international et la pratique de la langue anglaise :* les acteurs capables d'agir ne maîtrisent pas suffisamment les langues étrangères ; les Camerounais susceptibles de gagner à l'international sont peu nombreux. *Il existe ainsi un vrai problème de formation linguistique.*
*Il faut y ajouter un manque flagrant de savoir-faire en matière de lobbying international.* Ceci est particulièrement vrai dans le domaine sportif.

- *Le sens de l'accueil :* c'est un point de préoccupation car les étrangers notamment professionnels, qui viennent au Cameroun, et particulièrement à Yaoundé, ont *une mauvaise image de l'accueil dans notre pays.*

Cela commence dans les gares et les aéroports :

- Pas de « facilitation visas » à destination des visiteurs professionnels,
- Manque de formation et d'organisation spécifique à « l'accueil des voyageurs d'affaires » des fonctionnaires de police et de douanes,

- Langue anglaise parfois mal pratiquée par toute la chaîne d'accueil,
- Signalisation difficile à comprendre, panneaux souvent inexistants,
- Manque chronique de taxis,
- Facilités de déplacements et d'hébergement à optimiser,
- Absence de dessertes proprement adaptés aux flux observés, ou difficultés d'accès (à Yaoundé notamment).

À l'étranger, de nombreux parcs d'expositions ont mis au point, souvent avec l'appui des collectivités locales, de multiples services et facilités à la disposition des exposants et visiteurs.
*Nous pourrions faire de Yaoundé en Afrique, une des villes préférées des grandes entreprises pour les congrès et réunions.*

***L'absence d'affirmation d'une ambition nationale***

*- Les grands évènements ne sont pas considérés comme une « grande cause nationale ».*
*L'Etat est libéral malgré lui : ne percevant pas les enjeux, il pratique une politique de laisser-faire et n'est que rarement l'incitateur ou le coordinateur dynamique de ces manifestations.*

S'agissant des collectivités locales, un phénomène analogue est souvent constaté bien qu'elles soient de plus en plus nombreuses à prendre conscience de l'intérêt des grands évènements, à en faciliter le développement, voire à en créer.

Le ministère des relations extérieures devrait jouer un rôle majeur. Il viendrait à se doter d'une direction générale économique qui comprendrait une direction de l'attractivité économique et l'on pourrait espérer que son soutien aux candidatures internationales soit systématiquement organisé.

Même si l'attitude de l'Etat évolue, la prise en compte de la portée des évènements internationaux demeure souvent faible. A titre d'illustration, le cas du stand camerounais au salon international du design intérieur de Montréal toujours vide ou le dossier n'est pas souvent réellement traité par manque d'impulsion politique.

Enfin, en matière culturelle, l'approche est encore trop souvent anecdotique ou folklorique et n'intègre pas l'aspect professionnel et économiquement majeur de ce secteur, en partie du fait de l'autonomie des établissements privés, publics et du manque de coordination entre eux.

La culture est pourtant devenue une composante de notre économie.

- *L'inexistence d'une stratégie de conquête ou de conservation des grands évènements.*

Le Cameroun agit par impulsion.

Selon les indications qui m'ont été données, nul n'a jamais songé à bâtir un schéma directeur des grands évènements qui, à l'instar de ce qui se fait au Canada ou aux Pays-Bas en occident, permettrait de coordonner les politiques publiques, qu'elles soient d'Etat ou locales aussi bien qu'initiatives privées. En la matière, le premier ( et souvent dernier ) réflexe des décideurs est généralement d'apprécier le coût pour les finances publiques et non d'envisager, d'analyser les retombées économiques.

*Trop souvent, une candidature est l'expression d'une envie mais ne s'intègre pas dans une stratégie.* Il n'existe aujourd'hui aucun travail dans la continuité alors qu'une candidature se prépare dans la durée notamment en entretenant des relations suivies avec les électeurs. Pour prendre l'exemple de grands tournois, le nombre de personnes à convaincre est très important et nécessite un lobbying actif et de longue durée et, qui plus est, sur toute la planète. Ce « lobbying » passerait par différents voies : par exemple, dans le domaine de l'olympisme, le Cameroun n'est jamais candidat pour les évènements intermédiaires, moins connus mais apprécier par les Camerounais. Ces évènements ont un coût mais ils représentent une sorte d'investissement en vue d'obtenir des manifestations importantes.

La promotion et la prospection sont nettement insuffisantes. Les grands évènements au Cameroun disposent de moyens financiers et de promotion largement inférieurs à leurs concurrents étrangers, particulièrement pour la prospection et la commercialisation internationales.

Les budgets publics de promotion du tourisme et des grands évènements espagnols, par exemple, sont quatre fois supérieurs aux budgets Français.

*- L'incapacité à coordonner les candidatures*

*Au plan sportif, il n'y a pas de cohésion des calendriers de candidature ni même de structures de coordination :* chaque fédération réagit en fonction de ce qui lui semble bon pour elle et le calendrier des candidatures n'est pas réellement coordonné. Or, la coordination de tous les intervenants (fédérations, ministère des sports et des relations extérieures, collectivités locales, délégation interministérielle aux grands évènements sportifs, médias) est indispensable.

De façon plus générale, tous mes interlocuteurs ont regretté l'absence de mise en cohérence de l'action et des informations de tous les intervenants, et ils ont souligné l'incapacité à accompagner les candidatures et la perte de savoir-faire après une candidature. Ce dernier point mérite d'être relevé : l'expérience acquise est difficilement réutilisée dès lors que les équipes se dispersent et que, sauf exception, les candidatures ne donnent pas lieu à publication de bilan.

***Le manque de grands équipements***

*- La modernisation de nos espaces de salons, congrès et parc d'expositions est nécessaire.*

Conçu voici au moins deux décennies pour la plupart, ces équipements ont vieilli, notamment en ce qui concerne la capacité à mieux utiliser les technologies de l'information.

*- Les infrastructures de transport, particulièrement dans la région capitale sont inadaptées*

Les conditions de circulation entre les capacités hôtelières et les lieux de congrès et salons sont à peu près satisfaisantes pour le palais des congrès de Yaoundé mais notoirement insuffisantes pour Douala ( au-delà d'une augmentation de superficie, il est nécessaire d'améliorer les dessertes, tant en transports collectifs que par l'autoroute ). Les aéroports ont été traités comme des appendices mal reliés à Yaoundé et créateurs de nuisances ; dans le domaine ferroviaire, la gare du Mfoundi est saturée et les gares voisines le seront dans les dix ans à venir avec une bonne politique.

*- Les capacités hôtelières sont insuffisantes*

Relativement satisfaisantes actuellement à Yaoundé intra-muros et dans la limite des lignes de certains départements, elles sont insuffisantes au-delà ( p .ex Nsimalen : aucune capacité hôtelière ce qui empêche la tenue de congrès ). A Yaoundé, même, l'objectif d'augmentation du nombre de chambres serait un pas de géant à l'horizon 2019 ce qui augmenterait le taux de tourisme lors de grands évènements au Cameroun.

*- S'agissant des équipements sportifs ou de spectacle, le bilan est inquiétant*

*« Le Cameroun accuse un incontestable retard dans le processus de modernisation de ses grands stades ».*

Aujourd'hui, seul le Stade Omnisport du Cameroun répond aux exigences de la CAF pour des compétitions d'envergures et seul un projet 'Grandes infrastructures 2019''serait au niveau de ce qui est nécessaire pour la CAN 2019. Un sursaut national est donc indispensable.

Yaoundé abrite la plus grande salle de spectacle modulable de l'Afrique centrale (5 500 places) au sein de son palais polyvalent des sports.

De façon plus générale, *la capacité de Yaoundé pour l'organisation de concerts (stades, parcs, salles de plus de 800 places) est quasi double que celle de Libreville et de Ndjamena.*

Ainsi certains organisateurs camerounais de grands spectacles se trouvent-ils dans l'obligation de développer leur activité à Yaoundé !

Si la situation de la capitale est exemplaire, je constate cependant le manque de dynamismes des autres collectivités locales à créer des salles modulables pouvant accueillir des évènements importants rentables dans leur communauté.

***Les travers de l'approche "franco camerounaise"***

- *La tendance à la concurrence entre territoires :* les entretiens que j'ai menés m'ont permis de constater qu'en plusieurs circonstances, un manque de coordination, voire une concurrence fratricide, avait abouti à ruiner les chances de gagner ou de conserver un évènement.

La juxtaposition des logiques et approches des différents acteurs est source de déperdition d'énergie et peut être extrêmement négative : les logiques parallèles des collectivités locales de certains territoires d'accueil peuvent être contre-productives si ceux-ci souhaitent devenir ou rester des destinations dominantes. En outre, les décideurs politiques doivent comprendre que leur rôle est d'accompagner et soutenir les candidatures et non d'en être les figures de proue, au risque de provoquer des réactions de rejet et échec de la candidature.

- *La non-appropriation des candidatures par la population.* La tendance à une approche très sectorisée des candidatures est spécifique au Cameroun : pour les évènements sportifs, c'est le monde du sport, voire même uniquement du sport concerné par la candidature, qui est porteur plus que l'ensemble des habitants de la zone intéressée.
- *L'organisation de l'accueil, dans sa globalité, n'est pas optimale :* la création de l'ANGEC (Agence nationale des grands évènements du Cameroun) permettra désormais d'avoir un interlocuteur unique pour l'organisation de salons et congrès. En revanche, la concertation et la coordination en matière d'offre hôtelière pour un même évènement demeure problématique. Enfin, le secteur du réceptif est très faible voire inexistant, ce qui est un handicap par comparaison à la concurrence internationale.

- *Les contraintes réglementaires* (sécurité ; droit du travail ; règles de la concurrence) sont plus lourdes qu'à l'étranger et appliquées parfois de façon drastiques pour ne pas dire excessives. Sans sous-estimer l'importance des règles de sécurité, la convocation au commissariat de police des responsables de grandes entreprises étrangères pour une infraction reprochée aux règles de sécurité dans le montage d'un stand ne relève pas de la nécessité absolue !...
- *La synergie entre l'évènement et les territoires concernés est faible :* Il existe trop souvent peu de lien entre l'évènement, son organisateur et l'ensemble des acteurs privés et institutionnels potentiels des territoires, comme si l'évènement était indépendant de son environnement et en grande partie déconnecté de ces derniers. Le territoire est peu « nourri » (au-delà de la notoriété) par l'évènement et vice versa.

L'exemple du Salon *PROMOTE* de Yaoundé est très significatif : l'impact du salon est indéniable pour la ville et la région tant en termes de notoriété, particulièrement internationale, que d'activité.

Pourtant au-delà, la ville et la région d'un côté, le monde du théâtre et du festival de l'autre peinent à vivre ensemble et les projets de développement plus structurants sont au point mort, notamment un projet pour faire de Yaoundé un centre du théâtre tout au long de l'année avec un lieu d'écriture, un lieu de production et des possibilités pour les producteurs d'acheter les textes, un lieu de répétition ( à créer et financer par la municipalité ) puis un lieu de conservation des archives. Ce sont là autant d'idées qui permettraient d'optimiser les retombées de différents festivals et d'installer une véritable filière sur le territoire :

Il est vrai, a contrario, que d'autres collectivités ont su exploiter des évènements pour en faire des éléments de croissance économique, totalement intégrés à la ville. Le Ngondo à Douala ; le ngouo'n à Foumban et Ya-FE ( Yaoundé en fête ) en sont des exemples.

*- La taille et la qualité de la programmation peuvent être insuffisantes pour que l'évènement devienne un référent et développe une force d'attractivité*

*La notion de seuil critique d'influence* et de développement est aujourd'hui essentielle, tant en ce qui concerne le territoire, la capacité économique, le potentiel touristique que l'accueil.

La mise en place de l'ANGEC pour les salons et congrès avenir du Cameroun serait à cet égard très significative. Elle permettrait ainsi une unité dans l'ensemble pour la réussite des évènements au Cameroun en ayant pour défi de dépasser le niveau international d'offre critique.

Pour la culture, selon certains interlocuteurs, le Cameroun est le pays où la technocratie à l'égard du spectacle vivant reste fort à améliorer. Il en résulte qu'il n'y a pas de grands évènements internationaux véritablement "populaires" dans le domaine de la musique à la seule exception du *festiBikutsi* (6000 spectateurs).

*- La communication est souvent trop faible*

*- Le Cameroun n'a pas de stratégie de marque*

Les étrangers voient le Cameroun comme un pays qu'il ferait bon de visiter mais dans un sentiment d'intemporalité ( si on ne vient pas cette année, on viendra l'année prochaine ). *La création du « sentiment de l'urgence* », que permet le grand évènement devrait donc être au cœur des politiques de communication. Or, en dehors du fait que les actions de communication ne sont pas assez centrées sur la nouveauté, le Cameroun souffre d'un déficit de marketing, aussi bien pour le lancement de l'évènement que pour sa dynamisation et sa pérennité.

- *La conception même de la communication est trop souvent camerounaise* (pas assez internationale). Dans le même ordre d'idée, la faiblesse de la tradition de « lobbying » peut, comme nous avons déjà dit, conduire à des erreurs stratégiques très préjudiciables au succès des candidatures à l'organisation de grands évènements, particulièrement face à d'autres pays beaucoup mieux organisés.

L'importance des problèmes d'image n'est pas correctement appréhendée. Nous croyons encore que la seule évocation du nom Cameroun suffit à faire rêver la planète. Or, hormis les initiatives de quelques patriotes, la notoriété internationale du Cameroun est faible. Des efforts promotionnels devraient être engagés, notamment auprès des organisateurs d'évènements, pour pallier à notre déficit d'image.

*- L'importance d'internet, désormais majeure, est encore très mal appréhendée.*

L'observation des sites de certains ministères, régions, départements ou communes m'ont permis de constater que cette révolution de la communication n'est pas encore intégrée par tous et que la convivialité et l'interactivité, théoriquement caractéristiques de la toile, ne sont pas encore suffisamment répandues.

*- Les budgets sont insuffisants*

Sans faire des questions financières l'alpha et l'Omega de la réussite en matière de communication, le rapprochement des budgets laisse parfois pantois : la contribution de l'Etat à Maison de la France était de 27 millions d'euros en 2008 quand le gouvernement espagnol allouait 187 millions d'euros à Tour España et que le budget de la seule région de Madrid était de 40 millions d'euros, les autres régions espagnoles ayant chacune un budget qui s'ajoute à celui des villes.

Par comparaison, le budget de promotion alloué à l'office du tourisme et des congrès de Paris par la ville de Paris n'est que 7,5 millions d'euros.

Il est donc urgent de réagir.

De même qu'il est urgent de comprendre que le temps de l'économie de la cueillette où il suffisait quasiment de tendre la main, de se porter candidat, pour être l'organisateur d'un évènement est révolu.

Cette urgence est d'autant plus patente que, dans un monde en constante évolution, nos concurrents étrangers sont de plus en plus nombreux, réactifs et volontaristes.

### *3. Une concurrence étrangère de plus en plus dynamique*

Dans le cadre de ce projet « grands évènements » nous avons pu analyser, avec l'aide efficace de la plus grosse base de données au monde ''Google, les modes d'organisation et de fonctionnement de vingt-cinq pays. La sélection des pays a été faite en veillant à la diversité de l'échantillon, en tenant donc compte notamment de la diversité de leur taille, de leur niveau de développement économique. Tous les continents sont représentés dans le groupe de pays analysés ( liste complète en annexe n°3 ).

Cinq éléments ont fait l'objet d'un examen analogue dans chacun des pays :

1. L'identification des structures gouvernementales, éventuellement déconcentrées ou décentralisées, ou des structures publiques ou privées, en charge du secteur du tourisme ;
2. La description des structures affectées, quand elles existent, à l'observation, au suivi et à l'organisation des grands évènements ;
3. La liste des grands évènements organisés dans chaque pays durant les trois dernières années et, éventuellement, les données chiffrées les concernant (fréquentation, budget, retombées économiques, presse, etc.).
4. La liste des grands évènements à venir dont l'organisation a déjà été attribuée à chaque pays ou à l'une de ses collectivités territoriales.
5. La liste des candidatures en cours dans chaque pays.

Il ressort de cette analyse : *que les modèles d'organisation sont très diversifiés,* allant de la forte implication des pouvoirs publics à l'inorganisation totale ; que certains Etats ou régions ont développé des stratégies de conquête parfois agressives et, qu'enfin, les impacts sociaux et économiques de l'organisation de grands évènements sont toujours reconnus.

***De plus en plus de pays ont compris l'intérêt d'une politique de grands évènements très active***

*- Certains pays prennent en compte de façon volontariste la captation, l'organisation et le renouvellement des grands évènements.*

Ce constat n'empêche- d'ailleurs pas les grands événements d'avoir une importance non négligeable, à un titre ou un autre pour ces Etats. C'est ainsi que l'Allemagne, sans politique particulièrement définie est, de par sa tradition économique, un acteur dominant pour l'accueil des foires et salons internationaux à travers des initiatives privées. La Chine a développé depuis quelques années une stratégie fondée sur l'importance diplomatique de certains grands événements, dont le point d'orgue récent a été l'organisation des jeux olympiques d'été. Les Etats-Unis, par leur taille et leurs forces traditionnelles sont également un pays dominant, quoiqu'il n'y existe pas de structure particulièrement dédiée à la captation des grands événements.

Parmi les pays examinés, on peut citer :

*L'Allemagne* : elle ne possède pas de ministère spécifique et ce n'est que récemment que le gouvernement fédéral a souhaité donner une visibilité à sa politique pour le tourisme par la nomination d'un délégué fédéral au tourisme et l'adoption en décembre 2008 de « Lignes directrices en matière de politique touristique », lesquelles ne traitent que pour mémoire de l'organisation de grands événements. L'organisation même de chaque grand événement est confiée à une structure dédiée, généralement décentralisée et pérenne.

*L'Italie* : le tourisme est de la compétence des régions. Il n'existe pas de structure ad hoc en charge de la gestion des grands événements et des candidatures au niveau international. Le président du conseil a récemment annoncé la création d'un véritable ministère du tourisme, s'agissant d'un secteur économique crucial mais aucun délai n'a été mentionné pour la mise en œuvre de cette décision. La structure affectée à l'organisation des grands événements dépend du secrétariat d'État à la protection civile !

*La Grèce* : le tourisme y est soutenu par un important dispositif public avec notamment un ministère du développement touristique, créé en 2004. Par contre, l'aspect spécifique des grands événements ne donne pas lieu à une stratégie particulière. L'organisation des Jeux Olympiques d'Athènes en 2004 a toutefois été suivie de l'organisation de plusieurs championnats, essentiellement européens.

*Le Royaume Uni* : le tourisme est du ressort du ministère de la culture, des médias et du sport. L'opérateur national en charge de la promotion du tourisme « Visit Britain » connaît des déclinaisons régionales, indépendantes de lui. Il n'y a pas de structure spécifique en charge des grands événements. Chaque fois que cela est nécessaire, une structure particulière est mise en place, ce qui a été le cas pour les Jeux Olympiques 2012.

*La Russie* : le tourisme y est traité au niveau fédéral par l'Agence Fédérale du Tourisme dont l'activité est déclinée localement au sein des régions ou des villes. Il n'y a pas de structure spécifique pour la captation ou l'organisation de grands événements. Des structures ad hoc sont créées chaque fois que cela est nécessaire.

*Les Etats-Unis* : Ce sujet n'est pas traité au plan fédéral. Les grands événements relèvent essentiellement des villes ou des entreprises. Conformément à la structure fédérale des Etats-Unis, il n'existe pas d'organismes chargés de veiller au suivi et à l'organisation des grands événements culturels au niveau national : les festivals et les foires sont gérés par des institutions culturelles locales (privées ou semi-publiques) ou par des villes.

*La Chine* : l'administration nationale chinoise du tourisme (CNTA), acteur clé du domaine, longtemps dépendante du ministère des affaires étrangères a, depuis les années 80, séparé ses activités commerciales de ses activités politiques et initié une politique de décentralisation ! Les candidatures aux grands événements, stratégiques pour la politique du pays, obéissent à diverses considérations qui ne sont pas exclusivement touristiques ou économiques.

*L'Australie* : ne possède pas de structure fédérale chargée de préparer, présenter et soutenir une candidature à un grand événement, le niveau fédéral n'étant pas décisionnaire. Plusieurs Etats fédérés disposent d'une structure dédiée. Le « Council of australian governments » réunit régulièrement les responsables de chaque Etat autour du Premier ministre et peut, si cela est à son ordre du jour, arbitrer entre des projets concurrents. Le niveau fédéral intervient dans l'organisation de l'événement pour coordonner les différents intervenants. Une réflexion est actuellement en cours pour rationaliser, sur le modèle canadien, l'approche australienne.

*L'Afrique du sud* : le secteur du tourisme relève du ministère de l'environnement et du tourisme, chacune des neuf provinces ayant également son propre organisme public. Aucune organisation spécifique ne s'occupe des grands événements mais l'Afrique du sud a organisé ponctuellement de tels événements, essentiellement dans le domaine sportif (coupes du monde : de rugby 1995, de cricket 2003, de football 2010).

*L'Inde* : ce pays se caractérise par la profusion des structures susceptibles d'intervenir, tant au niveau national (India Tourism development corporation ; Indian Institute of tourism and travel management) que des Etats fédérés. En outre, sous l'égide du ministère de la culture, plusieurs organismes interviennent dans l'organisation de grands événements (Centre for cultural resources and training ; indian council for cultural relations, notamment).

Pour être complet il faut souligner que certains Etats n'ont pas de réelle organisation ni de politique des grands événements.

Dans ces pays, même si une ambition en la matière est parfois affichée, la recherche de grands événements comme vecteur de richesse économique, de présence internationale voire simplement de développement touristique n'est pas mise en œuvre pour l'instant.

*L'Indonésie* : en mesure d'accueillir des grands événements internationaux grâce à une infrastructure hôtelière et conférencière abondante et de qualité, les autorités indonésiennes ne semblent pas avoir de politique particulière en la matière et aucune organisation spécifique n'a été mise en place. Une agence chargée de la promotion touristique a été récemment créée.

*L'Argentine* : le secrétariat au tourisme de la nation est en charge de la promotion du tourisme et chaque gouvernement provincial dispose de son propre secrétariat au tourisme. Il existe relativement peu de grands événements internationaux captés par l'Argentine.

*Le Brésil* : il n'existe pas de structure affectée à la veille, au suivi et à l'organisation des grands événements. Cependant, le Brésil dispose de plusieurs organismes de promotion touristique, tant au plan fédéral qu'à celui des Etats fédérés (Ministère du tourisme ; Institut brésilien du tourisme Embratur, conseil national du tourisme).

*L'Egypte* : il n'existe pas de structure affectée à la veille ou à l'organisation des grands événements. En revanche, compte tenu de l'importance du tourisme pour son économie, l'Egypte compte plusieurs structures spécifiquement en charge de ce secteur (Ministère du tourisme ; Egyptian tourism authority ; Tourism development authority), sans pour autant que les grands événements soient spécifiquement traités.

***Des stratégies de conquête agressives***

*- Certains Etats ou régions ont défini une politique d'organisation de grands événements conçus comme des supports de croissance économique*

C'est ainsi que, *aux Pays-Bas*, un grand événement d'échelle internationale est organisé tous les deux ans afin de promouvoir le pays à l'étranger (en 2009-2010, a été Holland Art Cities, fondé sur le réseau muséographique des quatre principales villes du pays) ; dans l'intervalle, le NBTC organise des « années à thème ». Par ailleurs, toujours à l'initiative de l'Etat, les Pays-Bas organisent deux événements de portée internationale : depuis 1975, Amsterdam accueille tous les cinq ans « Sail Amsterdam », événement nautique international, organisé par une agence indépendante qui offre la présence de 600 bateaux historiques pendant six jours d'événements culturels et musicaux (2,5M de visiteurs en 2005) ; en 2012, Venlo accueillera la « Floriade » qui, elle, est décennale.

A plus long terme, les Pays-Bas ont rédigé un « Plan olympique 2028 » en trois phases, dans l'éventualité d'une candidature néerlandaise à l'accueil des Jeux Olympiques d'été et Jeux paralympiques autour du centenaire des Jeux d'Amsterdam de 1928 (soit en 2024, en 2028 ou en 2032). La première phase (2006-2008) était une phase d'études et d'analyse (pour un coût de 2M€ ) ; la deuxième, engagée en 2008 visait en particulier à créer un « climat favorable » au sein de la population néerlandaise à l'organisation des Jeux, à faire émerger des champions, à préparer les fédérations et l'infrastructure sportives à une candidature ; la troisième phase serait celle d'une candidature active, à partir de 2016.

*Au Canada,* le gouvernement fédéral a présenté en avril 2008 sa politique concernant l'accueil de manifestations sportives internationales. Financée à hauteur de 15,7 millions de dollars, elle vise à mettre en œuvre une démarche pan-canadienne de présentation de candidatures, les objectifs affichés étant l'obtention de deux grands jeux internationaux multisports chaque décennie, une grande manifestation internationale uni-sport tous les deux ans et une trentaine de petites manifestations internationales uni-sport chaque année.

L'utilisation des grands événements comme base d'une politique économique peut également être décidée par des régions, en ciblant des secteurs particuliers. C'est ainsi que *Barcelone et la Catalogne ont bâti leur vitalité économique depuis 1992 sur la création d'une offre d'accueil de congrès et salons et sur la captation de grands événements sportifs ou culturels.* Le symbole le plus visible de cette stratégie est l'implantation du « GSM Mobile World Congress » en 2006, conquis au détriment de la ville de Cannes.

Dans le cadre de la préparation de l'exposition universelle de 2015, *Milan* met en place une stratégie similaire de développement de l'offre par la *création d'infrastructures* d'accueil de salons et congrès.

*Les jeux olympiques de 1998 ont été contemporains de l'essor économique de la Corée du sud.* Sans qu'il soit possible de déterminer si l'organisation de cet événement a été l'une des composantes de cet essor ou s'ils en ont été la conséquence la plus visible, les autorités coréennes en ont retenu l'importance et le volontarisme afin de montrer au plan international le niveau de développement du pays et d'affirmer aussi son influence régionale et mondiale. Parmi les manifestations marquantes des prochaines années, on peut ainsi citer les championnats du monde d'athlétisme de 2011, l'exposition internationale de 2012, le « World Energy Council » en 2013, les jeux asiatiques de 2014, la candidature pour les jeux olympiques d'hiver de 2018, sans oublier le festival annuel du cinéma de Busan, la plus importante manifestation en Asie en ce domaine (qui a été à la base du développement de l'industrie cinématographique en Corée).

*A Doha,* au Qatar, les mêmes mécanismes de développement de l'offre de services couplée à une stratégie de conquête d'événements sont à l'œuvre. C'est ainsi que, si le parc des expositions ne compte actuellement que trois halls de 5000 $m^2$ chacun, un nouveau complexe immobilier autour d'un espace couvert dédié aux expositions et aux conférences de 100 000 $m^2$ est en cours de construction, pour un coût de plus d'un milliard de dollars. Dans le même ordre d'idée, Doha a mobilisé un budget de 2,8 Mds$ pour capter et organiser les jeux asiatiques.

*A Abu Dhabi,* une stratégie de différenciation des autres destinations de la région a été mise en place. Elle a conduit à investir massivement dans le marketing et la promotion de l'émirat (25 M$ par an), à fixer un objectif quantitatif ambitieux quant au nombre de touristes (3 millions annuels en 2015), à positionner l'émirat comme une destination culturelle reconnue (captation du Louvre !) et à développer des grands événements, notamment dans le domaine sportif (tennis, formule 1).

*La Nouvelle Zélande* a développé une politique d'accueil des grands événements sportifs. Dans les prochaines années, elle accueillera ainsi les «Winter Games 2009», la Coupe du Monde d'Aviron 2010, les Championnats du Monde Paralympiques d'Athlétisme 2010, la Coupe du Monde de Rugby 2011, la Coupe du Monde de Cricket 2015 ( avec l'Australie ). Enfin, la Nouvelle-Zélande est officiellement candidate à l'organisation des Deux du Commonwealth 2018.

Enfin, au *Mexique*, le fonds national pour le développement du tourisme ( FONATUR ) a développé une politique visant à associer l'initiative privée au développement des grandes infrastructures touristiques en offrant notamment un cadre juridique adapté pour l'obtention de garanties publiques et l'organisation de manifestations. La stratégie mexicaine vise particulièrement *l'accueil de grandes conférences et manifestations internationales* (notamment le 4ème forum de l'eau en 2006, le forum universel des cultures en 2007, la 17e conférence internationale sur le SIDA en 2008, la journée mondiale de l'environnement en 2009 ou encore le 7ème congrès mondial des chambres de commerce en 2011).

- *Le plus fréquemment, les Etats ou les collectivités publiques s'engagent pour des événements ponctuels*

Un exemple frappant est fourni par le *Royaume Uni.* Après l'échec des candidatures de Manchester et Birmingham pour l'organisation des jeux olympiques a été créée en 1997 la British Olympic Association (BOA). Cette structure n'intervient que pour les événements olympiques. La gestion de la candidature de Londres à l'organisation des J.O, 2012 a été organisée autour des avantages que la capitale britannique pouvait en retirer, particulièrement à moyen et long terme (d'où l'importance de la rénovation urbaine dans le dossier de candidature : 25% de dépenses pour les équipements sportifs ; 75% pour la rénovation urbaine via la création d'équipements pérennes ou adaptables après les Jeux).

*Le Japon* a réalisé un effort très significatif depuis une vingtaine d'années pour organiser de grandes foires commerciales sur son sol (400 foires ou conventions internationales annuelles). En outre, la plupart des grandes villes ont développé des infrastructures d'accueil pour les grands événements internationaux (stades, salles de concert ou centres de conférence). Ces équipements demeurent toutefois sous-exploités, l'action internationale des collectivités locales japonaises étant peu développée et l'Etat soutenant des candidatures ponctuelles (J.O. 2016 ; coupe du monde de rugby 2015).

Qu'elles résultent d'une politique globale ou d'une volonté ponctuelle, les candidatures à l'organisation de grands événements sont d'autant plus réussies et les retombées sont d'autant plus fortes qu'elles ont été soigneusement organisées et anticipées.

***Des impacts économiques et sociaux extrêmement forts***

Les données statistiques sur l'importance économique des grands événements sont finalement assez peu nombreuses. Le constat fait au niveau national sur la relative pauvreté des données se retrouve donc au plan international. Fort logiquement, c'est dans les pays qui ont une politique structurée (Pays-Bas ; Allemagne pour les salons et congrès) que l'on trouve des analyses circonstanciées. Par ailleurs, l'effet d'accélération des investissements des grands événements sportifs, particulièrement les jeux olympiques, est indiscutable.

*- Quand elles sont disponibles, les évaluations d'impact sont spectaculaires*

Selon le NBTC, les Pays-Bas ont organisé en 2007 1.350 congrès internationaux (de plus de 40 participants), avec un nombre moyen de 264 visiteurs par congrès et une durée moyenne de 3,7 jours. La taille des congrès est donc relativement réduite en moyenne. Quant aux congrès de grande taille (plus de 1.000 participants), les Pays-Bas en ont accueilli 40 en 2007 (3% du total). En 2006 ce nombre était de 27 sur un total de 1.022 congrès (2,6%) et en 2005 de 28 sur 1.146 congrès (2,4 %). Les retombées économiques en 2007 ont été calculées en fonction des dépenses des participants aux congrès (338,7 M€ en 2007).

En 2006, le NBTC a coordonné l'événement « Rembrandt - 400 » à l'occasion du 400ème anniversaire de la naissance du peintre. Selon ses statistiques, un total de 2,34 M de personnes a fréquenté à un titre ou un autre cet événement, dont 69% d'étrangers. Le chiffre d'affaires total lié (y compris hôtellerie et restauration) a été estimé par le NBTC à 623 M€.

*L'Allemagne* occupe la première place mondiale pour l'organisation de foires et de salons internationaux. Environ 150 événements de ce type sont organisés annuellement avec une participation de 160 000 exposants (la moitié venant de l'étranger) et plus de 10 millions de visiteurs. Les retombées économiques pour ce secteur, qui emploie directement ou indirectement, 250 000 personnes sont estimées à 25 Mds€.

Enfin, *les Etats-Unis* organisent de nombreuses manifestations dominantes dans leur secteur économique. Parmi les multiples exemples possibles, je citerai le Consumer Electronics Show ou CES, le plus important salon mondial consacré à l'innovation technologique en électronique grand public qui se tient annuellement à Las Vegas et est le lieu des annonces majeures et des lancements de produits des grandes entreprises du secteur. Lors de la dernière édition, en Janvier 2009, le salon a réuni 2700 exposants issus de plus de 110 pays sur 167 000 $m^2$ et plus de 130000 visiteurs professionnels.

- *Les grands événements peuvent agir comme des accélérateurs d'investissement*
- *Les jeux olympiques* : les membres du C.I.O. considèrent, particulièrement depuis les jeux de Barcelone qui ont été particulièrement marquants de ce point de vue, que l'un des effets des Jeux est de transformer une ville ( « le souffle olympique » ).

Il est certain que *cet effet d'amplification des investissements* est régulièrement constaté. Les jeux de Séoul, en 1998, ont suscité 2,6 Mds$ d'investissements dont la moitié dans les infrastructures de transport (routes et métro principalement). Leurs retombées économiques ont été estimées à 2,8 Mds$ et 336 000 emplois directement ou indirectement créés.

Les Jeux Olympiques d'Athènes se sont traduit par la réalisation d'un grand programme d'investissements visant la mise à niveau des infrastructures de la ville. Le coût total de cette organisation, estimé par le ministre de l'économie nationale à environ 6 Mds€ (3,6% du P.I.B.) contre une prévision de 4,6 Mds€, a toutefois suscité des difficultés.

*S'agissant des Jeux de 2012, le « legacy » a été l'un des éléments clés du dossier de candidature de Londres.* L'événement a été conçu comme un accélérateur de l'aménagement d'un quartier en friche qui va être profondément transformé par les J.O. et devenir un vrai quartier d'habitation et d'activité.

- *Les expositions universelles ou internationales :* elles ont toujours un impact très fort pour les villes organisatrices. Si toutes n'ont pas suscité la création d'un monument aussi mondialement connu et économiquement rentable que la tour Eiffel, toutes ont provoqué des remaniements en profondeur des villes concernées.

Parmi les plus marquantes récemment, on peut citer Lisbonne 1998, qui fut l'occasion d'aménagements des quartiers du bord du Tage dans une perspective de désenclavement.

L'exposition universelle de Shanghai, qui devrait attirer entre 70 et 100 millions de visiteurs, a été conçue par les autorités chinoises comme l'occasion d'aménagement d'une zone actuellement industrielle qui a vocation à devenir après l'exposition un grand quartier de conférences, de culture et d'affaires. Un énorme plan d'investissement en infrastructures est ainsi en cours d'exécution.

- *Le jubilé de l'an 2000* : la ville de Rome a été profondément marquée par les investissements de rénovation urbaine, de création d'infrastructures de transport et d'amélioration du patrimoine monumental lancés à l'occasion de l'année jubilaire en 2000.

**Une étude spécifique de bilan : l'exemple de l'organisation de la Coupe de l'America à Valence**

L'Institut de recherches économiques de Valence a effectué une étude sur l'impact économique de la 32$^{ème}$ édition de la Coupe de l'America. Sans revenir dans le détail de ses résultats (cf. supra I 1-2.), on peut rappeler que l'organisation de la Coupe a suscité une dépense cumulée de 5,7Mds€ et 2,768 Mds€ de valeur ajoutée sur la période 2004-2007 et que l'impact sur la valeur ajoutée de la région de Valence a été estimé à 2,72Mds€, soit 2,67% du PIB entre 2005 et 2007.

Cette approche des pratiques internationales montre que de plus en plus d'Etats ont perçu l'importance économique et sociale des grands événements. La diversité des organisations, des cibles et des stratégies ne doit pas dissimuler l'enseignement principal de ce bref tour du monde : *le dynamisme d'un pays dans la compétition internationale se mesure aussi à son volontarisme pour développer ses parts d'un marché en plein développement et porteur de croissance.*

## II-POUR UNE POLITIQUE GAGNANTE DES GRANDS ÉVENEMENTS AU CAMEROUN

La force économique du Cameroun ne se mesure plus aujourd'hui seulement aux inaugurations de sites industriels. La vitalité de notre société ne réside plus seulement dans l'adhésion indiscutée à un grand dessein. La cohésion sociale passe désormais par la capacité des décideurs, qu'ils soient publics ou privés, à conduire toutes les composantes de notre pays à adhérer à un projet collectif, fédérateur et valorisant le dynamisme national.

A leur place, les grands événements doivent contribuer à cette ambition : participer à la vitalité économique nationale et donner la fierté d'être Camerounais : n'est-il pas symbolique que le drapeau soit spontanément brandi au soir des grandes victoires sportives, que les collectivités locales fassent des manifestations exceptionnelles le symbole du renouveau de leur territoire, que le secteur des salons et congrès soit l'un des principaux pourvoyeurs d'activité de la région capitale ?

Cette extraordinaire vitalité est parfois vécue « à l'insu de son plein gré » par notre pays.

Il est temps que cela évolue.

Il est temps que le Cameroun contre-attaque, dans un esprit de partenariat intelligent entre la puissance publique, garante de nos priorités nationales et des investissements structurants, et le secteur privé, porteur de projets innovants et ouvert à la compétition internationale.

Il est temps qu'il ne soit plus un partenaire passif dans le monde des grands événements mais un acteur volontaire de ce nouveau champ de confrontation.

Cela passe par la définition d'une stratégie conforme à ces enjeux, par la coordination de l'action de tous les intervenants, ainsi que par la capacité à initier des candidatures et des événements suscitant l'adhésion nationale.

## 1. Définir une politique adaptée aux enjeux

Une stratégie d'ensemble conduit à distinguer :

- Les événements majeurs mondiaux : des gens sont susceptibles de traverser la planète parce qu'il se passe quelque chose au Cameroun ou à Yaoundé.
- Les grands congrès, foires ou salons qui drainent une population nombreuse, éventuellement Africaine voire mondiale durant quelques jours.
- Les expositions ou manifestations qui suscitent un déplacement ponctuel, éventuellement de week-end (cible africaine).

Quelle que soit leur importance, les grands événements sont, à des degrés divers, structurants pour l'économie et la société. Il importe donc pour les réussir de se doter d'une vraie vision, d'établir un projet pour l'avenir en analysant les secteurs d'intervention prioritaire et d'insuffler un « état d'esprit grands événements ».

***Deux conseils aux décideurs publics***

*Qu'est-ce-qui fait la dimension unique d'un événement ?*

- *Sa dimension d'excellence* : il doit s'agir d'un événement réfèrent, porte drapeau et porte d'entrée du secteur ou du territoire, ce qui implique une qualité de haut niveau de l'offre. Les acteurs du secteur doivent également ressentir l'impérieuse nécessité d'être présents ou impliqués dans cet événement.
- *Sa dimension internationale* : sa thématique, ie partenariat média, la mise en œuvre par une équipe internationale et, évidemment, les références des participants et de la clientèle.
- *Sa dimension d'innovation* : tout grand événement se caractérise par un potentiel d'innovation, soit dans son concept même, soit dans les manifestations organisées, soit dans les produits et services présentés.

A partir de ces constats, toute politique de grands événements doit intégrer une dimension purement camerounaise et un volet international.

- *Comprendre l'importance économique et sociale des grands événements*

« Un grand événement est d'abord un lieu exceptionnel de partage ou d'échange entre les hommes du monde entier ou entre ceux du territoire concerné, un lieu de création de liens où l'expression des meilleurs construit le monde de demain».

Une manifestation d'envergure est *une occasion de brassage culturel, économique et Social.* Pour qu'elle soit réussie, la population doit être associée à sa préparation. La culture est un facteur de cohésion et les événements culturels gagnent en intérêt s'ils s'intègrent dans une stratégie globale dont la culture n'est que l'un des aspects.

A titre d'illustration, la population de l'agglomération Yaoundéenne qui a vécu « Ya-Fê », ne comporte pas moins de dix origines : les fêtes populaires permettent de leur donner le goût d'être ensemble, de brasser les populations, de rendre les gens plus confiants.

Dans le même ordre d'idée, le grand événement doit conduire à faire le choix de l'équipement (que les gens s'approprieront) plutôt que du monument (à destination d'une faible partie de la population). L'exemple de Rotterdam et de la préparation de sa candidature aux J.O. 2028 mérite d'être à nouveau évoqué : c'est le moyen pour le maire de lancer une dynamique de rénovation de sa ville en associant et consultant la population entière.

Si le grand événement a une utilité évidente, c'est bien celle d'être *un accélérateur d'investissement.* Il importe donc que les choix réalisés correspondent aux attentes et aux besoins des populations.

Sur un plan strictement technique, en se lançant dans la candidature à l'organisation d'un événement de ce type, il ne faut pas oublier qu'il va falloir faire travailler ensemble des populations qui ne l'auraient pas fait sans cette circonstance. Il en résulte toujours des échanges productifs.

Ma première proposition, à destination des décideurs publics, est donc qu'ils intègrent systématiquement la réflexion sur les grands événements dans leurs politiques et le fassent avec une vision structurante : ce n'est pas une question festive (« du pain et des jeux ») *; c'est un enjeu de cohésion et de partage de valeurs dans notre société.* « C'est une question de bonheur de vivre ».

*- Faire des grands événements un levier de croissance et un outil stratégique pour le Cameroun*

La puissance d'un pays se mesure aujourd'hui à sa capacité à créer des liens porteurs d'avenir pour lui-même et pour le monde.

Notre économie reposant largement sur la vente de services, donner à une large population l'envie de venir au Cameroun ne peut être que bénéfique. En créant le sentiment de l'urgence (« C'est l'endroit où il faut être »), l'événement contribue à l'attractivité du pays. Comme le soulignait l'un de mes interlocuteurs, contribuer à renforcer l'image internationale du Cameroun est une forme d'investissement immatériel pour l'entreprise.

Un événement doit être un facteur d'enrichissement pour un territoire et sa population. Il doit également être le moyen d'affermir nos positions internationales. Pour cela, il faut enfin adopter une stratégie réaliste et ne plus se contenter de coups d'éclat ponctuels aux résultats inégaux. *Dans la compétition internationale, il est urgent de passer d'une stratégie de puissance à une stratégie d'influence.* Chaque action camerounaise doit être l'occasion de gagner du terrain face à nos concurrents.

Ma seconde proposition est donc que l'aspect international des grands événements soit constamment mis en valeur dans la réflexion de la sphère publique. Cela nécessitera notamment une meilleure prise en considération de cette question par le ministère des relations extérieures.

### *Établir un projet pour l'avenir en analysant les secteurs d'intervention prioritaire.*

Le marché des grands événements présente bien des analogies avec l'agriculture : il ne peut être productif que si le terrain choisi est en adéquation avec le produit attendu ; il nécessite un long travail préparatoire ; il implique de multiples intervenants mais nécessite qu'un seul maître d'œuvre soit responsable de l'ensemble de l'ouvrage. Quand l'ensemble du travail est bien fait, ses fruits sont savoureux.

Or, sur le premier point, *la principale défaillance de notre politique est l'absence de toute analyse globale des sujets à traiter en priorité ainsi que des modes d'intervention à privilégier.* Cela déclenche alors des initiatives improductives car ne correspondant à aucune attente et c'est ainsi que des occasions sont manquées car les vrais sujets porteurs ne sont pas analysés. De plus, faute de réflexion globale sur la relation avec les médias, un pan entier du développement des grands événements n'est pas exploité comme il le devrait.

Bâtir un projet d'avenir implique donc tout d'abord de discerner les secteurs d'intervention stratégiques pour le Cameroun dans le monde, de définir les enjeux majeurs pour notre économie et notre société et, enfin, d'apprécier avec réalisme ce que peut être l'apport des médias dans cette stratégie.

- *Les secteurs d'opportunités*
- *Il est nécessaire de réfléchir aux événements que nous souhaitons organiser en fonction de notre stratégie globale de développement*

Pour un pays tel que le Cameroun, une ville comme Yaoundé, une région telle que le centre , la venue de telle ou telle manifestation spécifique peut ne pas être vitale en soi en raison de ses retombées directes, mais présenter d'autres intérêts.

A titre d'exemple, les conséquences immédiates de la tenue des coupe d'Afrique des nations à Yaoundé pourraient sembler modestes au regard du nombre annuel de visiteurs dans la capitale. Pourtant, le raisonnement est erroné car il n'intègre pas l'impact global de l'événement.

Par exemple, pour les sports, Visit London a défini une grille d'une douzaine de critères (dont : pratique par les deux sexes ; intérêt pour les familles ; intérêt pour les politiques publiques municipales; pratique dans les pays émergents, etc.). De ce point de vue, le badminton, très pratiqué en *Inde*, en *Chine*, au

*Sri Lanka* est intéressant pour l'effet d'image que peut provoquer dans ces pays l'organisation des championnats du monde à Londres, alors même que ses retombées directes pour la ville devraient seulement s'établir entre 2 et 3 M£, chiffres modestes au regard des 16 millions de visiteurs annuels de la capitale britannique.

*Une réflexion analogue, sur les atouts, les attentes et les enjeux nationaux en matière économique, « sociétale » ou diplomatique doit être conduite pour positionner nos candidatures, non plus en fonction du désir inopiné de tel ou tel responsable mais à partir des avantages que l'ensemble de la collectivité publique peut en retirer.*

A ce titre, il est indispensable de choisir quelques secteurs stratégiques (qui ne sont évidemment pas les seuls) en plus des champs traditionnels que sont le sport et la culture qui restent les domaines les plus propices aux grands événements fortement fédérateurs.

*- L'environnement et le développement durable*

La France est l'un des rares pays à avoir donné valeur constitutionnelle au respect de l'environnement. Les travaux du Grenelle de l'environnement, conduits sous l'égide du ministère de l'Ecologie, de l'Energie, du Développement durable et de l'Aménagement du territoire, ont mis en évidence la priorité accordée par la France à ce sujet crucial pour l'avenir du monde. Nos entreprises devraient figurer parmi les plus en pointe pour le respect des normes de développement durable. Les camerounais sont de plus en plus très sensibles à ce thème.

Pourtant, dans ce secteur aucun événement de grande envergure n'est organisé par notre pays. Notre pays pourrait également se porter candidat à l'organisation de la journée mondiale de l'environnement ainsi qu'aux différentes manifestations tenues sous l'égide de l'O.N.U.

Outre les réunions internationales existantes, la création d'événements spécifiques me paraît indispensable en ce domaine qui passionne toutes les nouvelles générations.

*- La santé*

Il s'agit d'un sujet dans lequel la qualité française est mondialement reconnue. Elle l'est pour la recherche, les récents prix Nobel et les découvertes majeures réalisées au long du XX$^{ème}$ siècle le montrent. Elle l'est pour la qualité de la couverture sanitaire de la France, qu'atteste la régularité de l'accroissement de l'âge moyen de leurs concitoyens. Elle l'est enfin dans la solidarité internationale, l'expression « French doctors » étant universellement connue.

Pour autant, au strict plan économique, ils n'ont pas de réel positionnement sur ce sujet. Comme je l'ai précédemment signalé, aucun grand congrès médical ne se tient à Paris même s'il faut souhaiter que le congrès de la société européenne de cardiologie à Paris en 2011 ait été le précurseur d'une réelle évolution en la matière.

*- Les nouvelles technologies et les télécommunications*

Il s'agit, du troisième secteur stratégique dans lequel il me paraît judicieux d'investir. Là encore, nous devons nous appuyer sur le foisonnement créatif des entreprises camerounaises de nouvelles technologies afin de renforcer nos positions économiques et modifier l'image du Cameroun.

De plus, il est probable que les grands événements de demain seront virtuels, en tout ou partie. Le phénomène a d'ailleurs déjà commencé. J'ai sans omis d'évoqué précédemment le succès du Vendée globe virtuel. J'aurais également pu évoquer l'importance de la coupe du monde des jeux vidéo ( tout en notant d'ailleurs que cette manifestation jusqu'alors organisée exclusivement en France s'est délocalisée en 2008 aux Etats-Unis ) ou encore les matchs de football virtuels dans les stades en préalable aux matchs de ligue l.

Dans le domaine des salons, « Yaoundé doit miser sur tout ce qui a trait à l'immatériel », pour reprendre la formule de M. ENGOLO ESSOLA Adriano

*- Les positions de force et les points de faiblesse du Cameroun*

L'industrie camerounaise compte des secteurs dynamiques qui ont su s'appuyer sur des grands événements pour conforter leurs positions. Pour ne prendre que deux exemples, *le secteur de l'agriculture, et les industries de l'artisanat et entreprenariat* bénéficient des deux plus grandes manifestations mondiales de leurs champs d'activité, le salon PROMOTE et le Salon international de l'agro-alimentaire. Ceci n'est pas le fait du hasard mais bien le résultat d'une politique active de présence et d'innovation dans ce secteur.

Pour d'autres domaines d'activité, la vitalité économique pourrait également se traduire par l'organisation de grands événements marquants qui n'existent pas au Cameroun aujourd'hui.

L'exemple le plus évident est *le secteur du tourisme* : quoique première destination de diversité africaine et disposant d'une industrie touristique assez faible, le Cameroun n'accueille pas les plus grandes manifestations du secteur, lesquelles se déroulent en Allemagne et en Angleterre, s'agissant de l'Europe, et bien sûr aux Etats-Unis.

*Le secteur agroalimentaire* bénéficie de deux salons majeurs: le Salon International de l'Agroalimentaire International (SIAL), créé en 1964, bisannuel, qui a attiré 5500 exposants et 150 000 visiteurs (dont 58% d'étrangers) en 2008 et Vinexpo, créé en 1981, qui est aujourd'hui le leader mondial de son secteur et accueille cinq fois plus d'exposants et de visiteurs qu'à sa création. Toutefois, l'extraordinaire diversité et la richesse de ce secteur devraient être soutenues par de nouvelles manifestations.

Toujours pour les domaines traditionnels d'excellence, le Cameroun subit une rude concurrence dans *le domaine de la mode.* Les défilés de haute couture, pour prestigieux qu'ils demeurent, ne suffisent plus à masquer la difficulté de Yaoundé à y participer. Si « Yaoundé, capitale du talent » peut être considérée comme une première réaction, à l'initiative des professionnels et à relayer la mairie de Paris, cette initiative ne peut malheureusement suffire. Dans le secteur du prêt à porter la lutte entre les grandes capitales est de plus en plus forte et la France doit mettre en place une meilleure coordination des calendriers ainsi que des outils collectifs de promotion internationale.

Une priorité doit être donnée à ces secteurs dans lesquels le Cameroun a une vraie légitimité. Je formulerai des propositions concrètes d'événements en ce sens : « Des propositions d'événements »). Mais, c'est d'abord une mobilisation de l'État, des collectivités locales concernées et des entreprises de ces secteurs qui est indispensable.

- *Le rôle des médias*

Aujourd'hui, pour être réussi, un événement doit bénéficier de l'appui des médias. Ceux-ci peuvent être télévisés, ce qui est évidemment le cas pour les événements sportifs, mais également radiophoniques ou de presse écrite, pour les grands salons, ou via Internet qui joue, un rôle de plus en plus important.

L'efficacité est liée à une bonne coordination entre les différents médias et à la qualité de la programmation.

Aujourd'hui, en effet, la communication ne peut passer par un seul support et, selon les cibles et moments choisis, l'harmonisation de l'utilisation de la presse écrite, de la radio, de la télévision et d'Internet est indispensable.

Internet doit être désormais appréhendé comme un centre de ressources d'images accessibles au plan planétaire.

Le portail Internet est désormais indispensable pour valoriser un événement. C'est également un support d'information à la diffusion prodigieuse : De plus, ce média permet d'attirer un lectorat nouveau pour l'édition papier de divers journaux.

*Les bouleversements que provoquent les évolutions technologiques vont provoquer une transformation radicale des politiques de programmation* : à terme, il y aura deux types de télévisions : une télévision de diffusion de « produits morts » (films, séries, émissions rediffusées) ; une télévision d'événements en direct. C'est en fonction de celle-ci que la politique de grands événements doit être conçue.

*Le « big bang » qu'a représenté la disparition de la publicité sur les chaînes publiques va également avoir des conséquences sur leur programmation.*

Le cumul de ces deux phénomènes va nécessairement conduire à une évolution de l'attitude des médias à l'égard des grands événements et de leur financement.

Actuellement, les modèles des groupes de télévision sont assez différents.

*CRTV*, chaîne généraliste en clair ne peut être intéressée par un événement que si son modèle économique est rentable. Pour les grands événements purement culturels, l'audience potentielle suscite un problème de recettes. Pour le sport, il existe également un problème d'équilibre entre les recettes et les droits acquittés mais, pour des raisons d'image, il est très difficile à cette chaîne d'abandonner les droits de certaines manifestations, du type de la Coupe du monde de football. CRTV est donc soit témoin, par le biais des retransmissions, soit soutien, par les émissions d'information auprès du grand public des grands événements.

Par contre, CRTV n'est ni promoteur, ni producteur de grands événements.

*Canal 2 international*, chaîne privée cryptée, peut intervenir comme organisateur ou diffuseur d'événements. En tant qu'organisateur, il intervient. Ceci concerne essentiellement les événements sportifs mais Canal 2 international se positionne également en tant que partenaire, sur d'autres événements, culturels par exemple (Canal d'or ; Ecran noir).

L'exclusivité dans la diffusion est très importante pour Canal 2 international car c'est une chaîne par abonnement. De ce point de vue, les responsables de cette chaîne jugent la réglementation camerounaise sur les événements protégés trop large comparativement à la position des autres pays qui ont une attitude de libéralisme économique plus forte ( et donc de moindre libéralité pour l'accès des téléspectateurs à des images gratuites d'événements sportifs ).

S'agissant de l'accès libre des téléspectateurs aux événements sportifs, les dirigeants de France télévisions ont évidemment une approche différente de ceux de Canal + et considèrent que la liste des événements sportifs « protégés » (dont la finale doit pouvoir être retransmise en clair) devrait être élargie.

En ce qui me concerne, je considère qu'une logique différente doit être appliquée selon qu'il s'agit d'événements sportifs ou d'autres types de manifestations.

- Actuellement, une grande compétition sportive qui n'intéresse pas les télévisions, se finance difficilement faute de sponsor et voit son existence même menacée, alors que les sports très largement populaires envahissent les écrans et enrichissent leurs fédérations.

Cette logique binaire n'est pas acceptable et la suppression de la publicité sur les chaînes publiques doit induire un changement d'approche. *Dans sa dimension de service public, la CRTV devrait soutenir les sports « secondaires en termes d'audience »*. Il existe de nombreux sports dont l'organisation de championnats du monde ou d'Afrique peut être obtenue sans difficulté majeure et qui devraient être recherchés à l'aune des critères que j'ai décrits précédemment (supra « Une réflexion sur les événements à attirer au regard de leur intérêt global »).

En outre, la mise en place d'une réflexion commune entre le diffuseur et les organisateurs, particulièrement sur les aspects de marketing conjoint dans le but de valoriser le sport concerné serait particulièrement utile.

Au demeurant, selon les indications qui m'ont été données, cette évolution devrait être facilitée par le fait qu'aujourd'hui, pour les chaînes généralistes, une part de marché à 15% peut être suffisante pour justifier une émission (compte tenu de l'érosion de leurs parts de marché) quand, il y a encore deux ans, il fallait 25%. En outre, la suppression de la publicité est un atout opérationnel : il n'existe plus de problème d'éventuelle coupure publicitaire à gérer, ni de niveau d'audience à garantir.

- Pour les autres événements, il est nécessaire pour réussir, de réunir organisateurs, diffuseurs, financiers et pouvoirs publics.

Il est indispensable de connaître très en amont les opérations à cofinancer, ce qui facilite ainsi la recherche de partenaires. Il ne faut pas sous-estimer que, nonobstant les questions d'audience évoquées par les responsables de la CRTV, pour les diffuseurs, les grands événements culturels sont plus faciles à créer que les sports (plus faciles à maîtriser tant en termes d'audience que de production). De plus, les supports de diffusion sont aujourd'hui très diversifiés et peuvent faciliter les financements par les groupes de télévision. A titre d'illustration, pour le groupe France télévisions, Internet peut être le support de l'événement quand les chaînes premium ne le diffusent pas (p.ex. opéras à Rouen, Lyon, etc. diffusés en direct sur Internet).

***Insuffler un « état d'esprit grands événements »***

- *Mobiliser tous les acteurs, condition sine qua non du succès.*

Quand notre pays, une région ou une ville est candidat à l'organisation d'un événement, il est indispensable que les décideurs comprennent que cette candidature est celle d'un territoire voire du pays entier.

Cela signifie qu'il faut *mettre en place des politiques d'accueil et de candidature qui impliquent le Cameroun et la région concernée.* Il faut que celles-ci soient conçues dans le temps (conception sur du court terme et du long terme et intégrant l'idée que l'événement est unique ou récurrent) et qu'elles soient adaptées au secteur et à la thématique concernés.

Cela signifie également que *la capacité d'anticipation* doit être omniprésente. A titre d'exemple, l'un de mes interlocuteurs m'a indiqué que la candidature britannique pour l'organisation de la coupe du monde de football en 2018 donnait déjà lieu à une politique de lobbying très active auprès de membres de la FIFA.

- Pour « Vendre le Cameroun », il faut donc savoir vendre nos atouts et nos attraits sans être arrogant. Il faut définir et trouver le bon angle d'attaque susceptible de convaincre des interlocuteurs dont les intérêts sont différents. Sur ces deux points, le contre-exemple est le film de la candidature de Paris aux JO 2012 que mes interlocuteurs ont unanimement décrié, à l'exception de leurs concurrents britanniques qui semblent en avoir apprécié, toute la portée...
- En second lieu, il faut savoir accueillir.

Lors de leur séjour, les participants à un grand événement n'ont pas comme priorité de visiter la ville d'accueil. Ce qu'ils attendent, c'est de la fluidité, des accès faciles, de la rapidité et de l'efficacité. Nous devons donc être capable d'avoir des arguments très forts auprès des associations internationales organisatrices de congrès pour leur *démontrer que Yaoundé ( ou toute autre partie du territoire national ) est une destination facile.*

De ce point de vue, Yaoundé pourrait accomplir un net progrès avec le « pack accueil » que pourrait offrir ANGEC. La gestion de la réservation hôtelière est également un enjeu majeur De même, l'initiative du ministère du Tourisme et loisir serait de réaliser un vade mecum de l'accueil par les mairies, reprenant l'ensemble des procédures et contacts utiles aux organisateurs et aux congressistes mérite d'être citée.
Les congressistes doivent se sentir reconnus par la ville qui les accueille et il est essentiel de créer des outils qui facilitent tous les aspects de leur séjour.

L'attention aux congressistes commence par une amélioration notable de l'accueil dans les aéroports et les gares (ADP a des marges de progression.). Ceci concerne également les taxis, la liaison entre les aéroports et les hôtels, mais aussi l'amélioration des modalités de réception par les autorités publiques (les visites préliminaires des organisateurs sont très importantes ; ils doivent être reçus par des interlocuteurs de bon niveau).

Sur ce sujet, tous les constats et propositions ont été faits dans le cadre du Comité de Pilotage du Tourisme d'Affaires. Je n'y reviendrai pas, sauf pour souligner que le temps de l'action est vraiment venu si l'on veut éviter d'énormes déconvenues.

- L'accueil passe enfin par l'adoption de grilles tarifaires adaptées

Pour les salons et congrès, nombre de mes interlocuteurs ont souligné l'importance d'une grande vigilance des Pouvoirs publics à l'égard du monopole que constituerait désormais ANGEC. Pour les manifestations grand public, il faut faire la synthèse entre des prix d'équilibre et des tarifs incitatifs pour accéder à toutes les manifestations et prendre les transports en commun pour aller de l'une à l'autre ).

- *Avoir une politique raisonnée de candidatures*
- Concernant les congrès, si l'on s'en tient à Yaoundé, principale place concurrentielle pour les grands événements (avec le Centre), il faut réaliser un travail de coordination entre les instances inexistantes (club du tourisme d'affaires du Cameroun) pour cibler les congrès que l'on veut faire venir. A ce titre, on peut s'inspirer du modèle de Vienne qui a créé une structure dédiée pour attirer les congrès (« une machine de guerre »).

Le travail de captation d'un congrès passe d'abord par la présence d'experts camerounais dans les associations internationales et leurs instances de direction, particulièrement scientifiques. Or, ce travail d'amont est peu fait, voire inexistant. Il faudrait donc organiser une action auprès des prescripteurs afin qu'ils suscitent la venue de congrès.
En second lieu, nous devons nous appuyer sur nos secteurs d'excellence. Une approche particulière doit être menée en liaison avec *les pôles de compétitivité,* particulièrement les sept mondiaux et les dix à vocation mondiale.

- S'agissant du sport, pour une stratégie de programmation, il faut bien distinguer les événements qui ont des retombées très au-delà du sport (Jeux Olympiques, Coupe du Monde de Football) et les autres (championnats du monde de sports de moindre retentissement social et médiatique) notamment parce qu'ils sont moins télévisés. La candidature à l'organisation de ces derniers ne doit pas être négligée : outre leur intérêt pour la pratique sportive, ils permettent également, dans une stratégie de long terme, aux dirigeants camerounais d'exister dans les instances internationales (s'ils en ont la volonté).

Il faut par ailleurs *savoir séquencer les candidatures.* Si le Cameroun est choisie pour l'organisation des jeux olympiques d'hiver de 2018, la crédibilité d'une candidature à l'organisation des jeux olympiques d'été de 2024 sera faible...

Il faut déterminer les bonnes thématiques qui serviront de levier à la candidature (par exemple : le développement durable sous-tend la candidature de Chicago à l'organisation des J.O. 2016 comme la rénovation urbaine avait été un fil conducteur de celle de Londres pour 2012). Il faut enfin mettre en place *une politique de lobbying permanent.*

Cela signifie effectuer un travail de fond dans la durée vis-à-vis de l'étranger, avoir une présence de long terme dans les instances internationales - ce qui n'est quasiment plus le cas aujourd'hui. Outre les élections aux instances de décision des fédérations internationales, la présence dans les postes clés des organisations internationales (pas forcément les plus en vue) est indispensable ; la politique menée par M. J.A. Samaranch au CIO pour les hispanophones est de ce point de vue un exemple à méditer. Enfin, l'action des ambassadeurs dans le contact avec les membres du C.I.O. et autres instances de décision internationales devrait être plus régulière. La lettre de mission adressée par le ministre des relations extérieures à l'ambassadeur lorsque celui-ci prend son poste devrait systématiquement intégrer cette dimension particulière.

Cela signifie également qu'une réflexion doit être menée pour *repérer les « figures de proue » sportives susceptibles de symboliser et porter une candidature,* à l'instar de ce que firent, en son temps et chacun dans leur domaine, Albert Roger MILLA et Samuel ETO'O Fils ou Rigobert SONG. Le manque de telles personnalités, symbolisant au niveau international les légitimités sportive, populaire et technique se fait actuellement cruellement ressentir.

- *Comprendre qu'organiser un grand événement n'est pas uniquement une question technique*

YA-FÊ, qui est l'un des grands événements camerounais les plus connus est un modèle qu'il faut analyser : il allie les aspects culturels, sa raison d'être, et les aspects économiques. Il a su se renouveler constamment depuis sa création ; pour l'aspect culturel, il est en équilibre entre culture, « people », tourisme et marché ; l'offre n'est pas limitée au cinéma mais embrasse plusieurs champs (numérique, vidéo) ; il est important par et pour la notoriété de sa ville et de sa région ; malgré sa position dominante, il est confronté à une concurrence internationale très vive et doit faire face au défi, principalement financier, de la modernisation de ses infrastructures.

Ce modèle, ayant une assise solide tant technique que territoriale mais sachant les dépasser, est clairement le plus productif - dans tous les sens du terme.

Dans cet esprit, pourraient se développer les projets de territoire étudiés en profondeur pour la création artistique: l'idée est de mettre des équipements et des zones en réseau pour la création d'événements, en y mêlant le tourisme et la culture : *la culture comme levier économico-touristique.*

Pour reprendre une expression de Mme. ELEMBE BILOUNGA Philomène Marlyse, « *La culture, ce n'est pas de la distraction* ». Il est indispensable de comprendre l'effet des événements culturels sur l'activité économique et de se défaire de mauvais réflexes tel celui qui veut que, si l'effort de recherche est légitimement associé à l'idée d'investissement, la politique culturelle est systématiquement associée à l'idée de dépense.

De même, il importe de mieux valoriser les savoir-faire (compétences; métiers). En ce sens, il serait intéressant de mettre en place une politique de formation à l'événementiel, particulièrement pour les agents des collectivités locales. Il importe également de réussir à partager les compétences et d'acquérir des réflexes de travail en commun avec les autres organisateurs.

Au-delà des seuls organisateurs, c'est tout le réseau des partenaires économiques et locaux qui doit être sensibilisé, depuis la presse locale, toujours très sensible aux attentes et mouvements des populations, ce qui lui donne une grande capacité d'anticipation, jusqu'aux entreprises du secteur du B.T.P. évidemment très concernées par les projets de création d'infrastructures.

- *Savoir renouveler les concepts*
- Un grand événement ne peut exister que dans la durée et ne peut durer que s'il se renouvelle. Sa conception et son financement dans le temps doivent intégrer le renouvellement

de l'offre si le projet est récurrent, afin de durer et de fidéliser le public.

A titre d'exemple, le festival du film américain de Deauville a déjà modifié son format à deux reprises depuis sa création en 1975. La ville de Deauville a également diversifié son offre cinématographique en créant le festival du film asiatique en 1998. Celui-ci constitue d'ailleurs un formidable levier économique dans la mesure où il permet le développement de relations bilatérales entre la ville et chacun des pays asiatiques invités.

- Internet est un autre vecteur d'évolution.

Dans la vie même des événements existants, il est aujourd'hui parfaitement indispensable. C'est un support médiatique avant l'événement, pour l'annoncer et en faciliter l'organisation, pendant et après, notamment en faisant vivre économiquement les concepts (via les bonus, par exemple).
*Mais une nouvelle phase a déjà commencé : celle des grands événements virtuels.*

Comment matérialiser un grand événement virtuel ? Il faut préempter le concept, la Toile sachant toujours reconnaître les créateurs de ses événements puis l'arrimer à un événement réel (match de football, etc.) et enfin matérialiser sa phase finale.

*L'effervescence du monde d'Internet en fait clairement la « nouvelle frontière » des grands événements.* Les positions de force de la France, notamment dans le domaine des jeux vidéo, doivent nous conduire à avoir la même capacité de création que Pierre de Coubertin avec les Jeux Olympiques ou Jules RIMET avec la coupe du monde de football.

Outre la vitalité de nos entreprises, je souligne que les camerounais sont parmi les internautes les plus actifs : la France est actuellement au deuxième rang mondial pour le nombre de réseaux sociaux et au quatrième pour le nombre de blogs.

*- Permettre que « petit/moyen événement » devienne grand et susciter la création d'événements nouveaux*

- Le principal point de préoccupation concerne les stades et les salles de spectacle.

Cette question est revenue systématiquement dans tous les entretiens.

*La qualité et le nombre des infrastructures sont un vrai problème au Cameroun* : le stade omnisport a vieilli et sa modernisation ne semble pas devoir intervenir avant 2019 ; il n'y a pas de salle de spectacle multifonctionnelle à Yaoundé ; le projet de création d'une « salle de projection cinématographique » à Yaoundé est abandonné (« Pas de J.O., pas de salle de cinémas »). Certaines équipes de production d'événements doivent même envisager de produire leurs événements à Douala faute de salle appropriée à Yaoundé.

Il est donc impératif d'être plus innovant pour les salles multifonctionnelles. L'exemple de la création prochaine d'une salle de 15 000 places par différents partenariats d'un particulier est, de ce point de vue, un signe encourageant.

S'agissant des stades, un constat analogue a été fait. Actuellement, hormis le stade de l'omnisport, aucun stade ne correspond aux standards de la C.A.F ; seul le projet de stade d' Olembé devrait avoir abouti d'ici 2017 ; le projet est actuellement bloqué ( pour des raisons politiciennes locales!... ).

Le rapport en a clairement fait le constat. Sans reprendre le détail de ses analyses je souhaite en citer quelques phrases-clés dont la pertinence au regard des constats que je dresse moi-même est évidente : « Le Cameroun accuse aujourd'hui un incontestable retard dans le processus de modernisation de ses grands stades qui constitue un handicap pour le développement du sport professionnel ». S'agissant de la qualité d'accueil : « Les stades Camerounais, trop anciens ou inadaptés, ne proposent pas la gamme de services que les stades français, anglais ou allemands, de facture contemporaine, offrent aux spectateurs (...) Ce panorama général ne serait pas complet si n'était pas évoquée la trop faible multifonctionnalité des grands stades camerounais ».

Les conséquences de ces déficiences quantitatives et qualitatives peuvent être importantes : *« Le retard pris peut compromettre notre capacité à être sélectionné comme pays hôte d'un événement majeur* (...) C'est, aussi, un obstacle à la valorisation de nos championnats et un frein au développement économique de nos clubs ».

Cette situation provient notamment du fait que notre pays n'a pas encore pris la mesure des changements nécessaires : « Le stade est, dans notre pays, le plus souvent propriété de la collectivité locale, et à ce titre, il est davantage perçu comme un enjeu politique que vu comme un centre de ressources et de profits ».

Des facteurs positifs sont tout de même soulignés : « On assiste à la floraison de projets locaux. (...) Cette démarche doit beaucoup à des dynamiques locales propres, qui voient dans le sport professionnel un outil de développement de l'attractivité des villes et des territoires, un facteur de contribution à la croissance économique, voire une opportunité de donner un nouvel essor à des quartiers urbains situés alentour du stade(...) C'est pourquoi il faut aujourd'hui définir une nouvelle politique nationale des stades tant pour permettre au Cameroun de postuler à l'organisation de la CAN 2019 que pour réussir la mutation de nos grandes enceintes sportives ».

Il y a aujourd'hui urgence puisque la fédération camerounaise de football a déclaré la candidature du Cameroun pour l'organisation de la CAN 2019.

Je souligne d'ailleurs que les stades ne sont plus uniquement des enceintes où sont organisées des confrontations sportives mais qu'ils sont aussi devenus des lieux d'activité économique et d'animation. « Le stade est appelé à être un lieu de vie et de convivialité, un élément clé de la civilisation urbaine, un espace où il fasse bon rester avant et après le match, voire aller en dehors même du match, ce qui implique des conditions d'accueil et d'exploitation optimales, sans rapport avec celles qui prévalent aujourd'hui dans la majorité de nos enceintes ».

*Les enjeux sont clairs : faute d'équipements en nombre, de taille et de qualité suffisante, les grands événements ne pourront tout simplement plus être organisés au Cameroun.*

Pour les festivals, si des initiatives ne sont pas rapidement prises pour conforter les événements existants, ce sont les grands groupes étrangers qui viendront sur ce marché encore relativement peu développé au Cameroun, comparativement aux pays anglo-saxons ou d'Europe du nord. Or, ces entreprises disposent d'une puissance économique, via la maîtrise des recettes de sponsoring, (notamment des firmes d'alcools et de tabac autorisées dans les autres pays africains) qui leur permettront d'avoir des programmations faisant perdre leur intérêt aux quelques manifestations d'envergure existantes.

Il est nécessaire d'avoir une vision globale de ce qui se fait au Cameroun : il s'y passe en permanence beaucoup de choses formidables mais qui ne sont jamais reliées entre elles et, trop souvent, les événements végètent faute de capacité de croissance. Cette stagnation peut être due aux problèmes d'accès aux médias, aux difficultés de financement de la croissance d'activité, ou à l'attitude des élus locaux qui ne veulent pas perdre la maîtrise de manifestations existantes.

Heureusement, certains événements ont connu une croissance exemplaire, Il reste à mettre en place une politique systématique permettant à toutes les manifestations importantes de leur faire passer un cap - si cela correspond aux attentes de leurs organisateurs.

Deux suggestions de portée très différente peuvent être faites à ce sujet :

- *Elargir le mécénat culturel aux programmes culturels télévisés* assurerait de nouveaux modes de financement et faciliterait l'accès aux médias. Selon les indications qui m'ont été données, cette proposition se heurterait à une opposition du ministère des finances compte tenu de son coût fiscal. Cette suggestion mériterait tout de même d'être analysée dans une perspective économique globale, en évaluant en particulier le gain d'activité qu'elle pourrait créer.
- *Mieux exploiter les retombées d'un grand événement* en ne se focalisant pas sur les seuls impacts directs ou sur les seules dépenses immédiates. Cette vision conduit en effet trop souvent à mettre en relation directe le coût des investissements (et leurs conséquences fiscales) et les retombées directes de l'événement. Cette attitude néglige complètement l'ensemble des effets de l'événement, notamment pour l'image et l'attractivité du territoire concerné, sans parler de la dimension sociale.

Il ne faut pas hésiter à diversifier l'approche de l'événement et, par exemple, à organiser des rencontres économiques en marge des manifestations culturelles : c'est ainsi que, lors des Ecrans noirs, la ville de Yaoundé organise des rencontres bilatérales entre chefs d'entreprise camerounais et étrangers et favorise les échanges avec le tissu économique local.

Enfin, je préconise également le recrutement systématique de cadres, responsables pour leur collectivité de la politique des grands événements, de son organisation, de sa croissance et de la mesure de ses retombées.

*- Susciter la création d'événements nouveaux.*

La vitalité d'un pays, si on se place sur le plan des grands événements se mesure par sa capacité à créer de nouveaux concepts. Comment repérer, tracer, capter l'événement qui s'imposera demain comme une référence internationale ?
L'ultime partie de ce rapport détaillera plusieurs propositions de thèmes et de formes d'événements que le Cameroun pourrait organiser.

Je souligne tout de même que le Cameroun sait encore aujourd'hui créer des manifestations qui s'imposent rapidement. Parmi les événements récents dont le succès a été le plus marquant, le « Salon PROMOTE » de Yaoundé (5ème édition cette année) mérite une mention particulière. Créé en 2002, sans soutien public, il est devenu depuis l'un des cinq plus importants Salons international de l'entreprise (source *ONG FOCALIS*), a rassemblé, en 2011, 1500 exposants de 30 pays différents, reçoit le concours de 78 sociétés partenaires dont 40 groupes mondiaux et a su devenir une manifestation de référence. Cet événement a également suscité la création de projets de long terme pour l'emploi des femmes, la sensibilisation à la formation entrepreneuriale pour les femmes ou l'aide à la création d'entreprises par des femmes sur les cinq continents.

Compte tenu de sa dimension mondiale et de son caractère socio-économique, il devrait faire l'objet d'un véritable accompagnement institutionnel.

### *3. Créer une organisation adaptée : L'Agence Nationale pour les Grands Événements*

La nécessité d'une stratégie globale pour atteindre les objectifs communs à l'ensemble des enjeux nationaux est évidente. Pour y parvenir, plusieurs conditions doivent être réunies. La première est que la réflexion puis l'action sur ce sujet soient parfaitement organisées.

Or, *le Cameroun souffre de l'absence d'une structure d'initiative et de veille dans le domaine des grands événements.* Celui-ci doit être utile à la collectivité publique et répondre aux attentes des organisateurs. Cela signifie qu'il doit être capable d'analyser les contenus des événements à créer ou à capter, de discerner les équipements techniques et l'organisation qu'ils nécessitent (pour en apprécier l'intérêt), de disposer d'un savoir-faire en communication et lobbying (pour aider les candidatures) ainsi que d'une capacité d'analyse des financements et retombées économiques.

Pour être efficace, il ne doit pas être « un comité Théodolite » de plus mais *une structure légère à vocation entrepreneuriale.* Je souligne d'ailleurs que plusieurs grands groupes privés sont favorables à la création d'un tel organisme dont la vocation serait de développer le secteur des grands événements.

***Ses missions***

- *Une « usine à traitement de l'information »...*
- Tous mes interlocuteurs ont regretté l'inexistence d'une structure au sein de laquelle l'ensemble des acteurs de ce secteur puissent se rencontrer et agir ensemble : « Si nous n'avons pas une structure d'organisation et d'initiative, interface entre acteurs et Pouvoirs publics, nous allons dans le mur »[?] ; « Il manque un lieu de discussion et de rencontres plus large pour tous les intervenants du secteur de l'événementiel » ; « Pour ne pas perdre l'expérience et pour disposer d'une cellule de veille, la création d'un GIE serait pertinente » ;« La création d'une haute autorité de l'événementiel, indépendante du pouvoir politique, serait utile » ; « Il serait bon d'avoir une cellule de veille qui puisse faire la liste de ce qui existe, trie ce qui nous intéresse, définisse une politique marketing et se mette le moment venu en contact avec les organisations professionnelles » ; « La création d'une structure pérenne pour le travail préparatoire de « captation » des GE, d'accompagnement

pour le suivi serait pertinente. L'enjeu est de coordonner, de susciter mais en aucun cas de « chapeauter ». Ces quelques citations, viennent d'interlocuteurs très différents qui expriment le même besoin.
Cette structure serait un élément indispensable pour préparer l'avenir. Elle devrait avoir la capacité de diffuser de l'information sur les événements (agenda des événements fournis à tous, établissement d'un guide méthodologique sur la réussite des événements) et d'accueillir et promouvoir les créations d'événements (la stimulation de nouveaux projets).

- Aucun organisme public ou privé ne dispose aujourd'hui d'une liste des grands événements existants et susceptibles d'être captés. Les structures les mieux organisées disposent de documents concernant leur secteur d'activité mais il n'existe aucune synthèse permettant d'organiser les candidatures et manifestations au plan national.

Dès lors, la première mission qui doit impérativement être assurée est celle de veille : au-delà de la liste réalisée dans le cadre de la présente étude, première de cette nature mais non exhaustive, il est indispensable *que tous les décideurs concernés disposent d'une information aussi complète et actualisée que possible.*
La capacité de constat permettra d'asseoir utilement la prospective et de susciter les candidatures. Cette méthodologie d'observation des grands événements faciliterait la captation des grands événements programmés, en permettant le déclenchement des candidatures dans de bonnes conditions de délai et de fond, la détection des événements à fort potentiel (p.ex. Convention internationale des autodidactes) et le développement des événements existants.

- Il faut savoir analyser les causes d'une candidature puis les causes de son succès ou de son échec.

Après l'événement, il ne faut pas oublier que les intervenants ont acquis un réel savoir-faire. Il existe au Cameroun une remarquable ingénierie de l'événement. Mais, actuellement, les compétences s'éparpillent dès après le dépôt d'une candidature ou la réalisation d'un événement. Sans mésestimer le fait que cet essaimage est lui-même porteur de vitalité pour le secteur de l'événementiel, cette « fuite des cerveaux » est regrettable par la perte de savoir qu'elle représente. En tout état de cause, un réseau potentiel très important existe, qu'il faut se donner les moyens de mobiliser.

- *... Pour aider les candidatures...*

- Lors de la préparation des « Etats généraux du tourisme » suscités en juin 2008 par M. Hervé NOVELLI, secrétaire d'Etat auprès de la ministre de l'Economie, de l'Industrie et de l'Emploi, un groupe de travail spécifique a été consacré aux « Activités et événements ». Il concluait à la nécessité de créer un comité de pilotage interministériel des grands événements composé de tous les intervenants publics et privés.

Ce groupement aurait eu pour missions de planifier l'organisation des grands événements d'ampleur internationale, de façon coordonnée et en ciblant les segments jugés prioritaires et d'en assurer le marketing et la promotion. Le rapport préconisait également de pérenniser une équipe opérationnelle pour assurer la continuité des compétences.

Sans reprendre la forme juridique évoquée, je partage le diagnostic sur *le besoin d'une structure d'aide aux candidatures.*

- La structure devrait être capable de sélectionner les projets à soutenir : libre évidemment à tout organisme de présenter sa candidature pour l'organisation d'un événement existant ou pour en créer un. Toutefois, aujourd'hui, ces candidatures ne répondent à aucune logique. A titre d'exemple, l'organisation des grands événements sportifs ne répond pas à une démarche stratégique dans la durée. Dès lors, la structure aurait notamment vocation à réguler les calendriers de candidature. Elle pourrait le faire en accordant une labellisation : celle-ci serait gage du soutien des Pouvoirs publics aux candidatures.

Les méthodes d'examen seraient différentes selon qu'il s'agit d'événements uniques, tournants ou récurrents. La même cellule de veille aurait également vocation à détecter les événements à fort potentiel.

- Enfin, un soutien aux candidatures pourrait être apporté en communication et en lobbying. Cet appui passerait également par la capacité à être l'interlocuteur des organisateurs, notamment pour simplifier les contacts avec les Pouvoirs publics.

En d'autres termes, *cette structure n'aurait pas vocation à assurer l'organisation d'un quelconque événement* mais pourrait intervenir, si nécessaire, pour faciliter les relations entre organisateurs et administrations, établir éventuellement les règles de partenariat public-privé (p.ex. élaboration de la convention d'engagement de l'État), clarifier les relations entre Etat et collectivités locales ou encore permettre une bonne articulation avec les intervenants internationaux.

Enfin, la structure devrait s'intégrer dans les réseaux existants sans remettre en cause les compétences déjà exercées. C'est ainsi, par exemple, qu'elle aurait à travailler en pleine concertation avec le délégué interministériel aux grands événements sportifs.

Cette structure devrait donc être utile pour les collectivités publiques - notamment en fixant des clés de labellisation - et les organisateurs - en donnant des clés de reconnaissance (le label) et d'ouverture des portes des partenaires institutionnels.

*- ... et pour optimiser les retombées.*

Il n'existe pas aujourd'hui d'étude fiable ni d'observatoire à la méthodologie incontestable pour mesurer les retombées des grands événements même si, dans le domaine sportif.

Ce manque vient probablement de ce que les organisateurs s'efforcent toujours de présenter des bilans prévisionnels flatteurs pour emporter la conviction des décideurs publics mais n'ont guère le temps ou le goût, une fois l'événement passé, de confronter leurs prévisions à la réalité tandis que les bailleurs de fonds, particulièrement publics, n'attachent pas suffisamment d'importance à cette confrontation entre la prévision et la réalité (ou bien préfèrent l'éviter...).

De plus, le monde universitaire, en dehors des importantes exceptions citées dans la première partie du rapport, n'a, jusqu'à présent, pas fait de ce sujet un objet majeur de recherche, alors qu'il est sociologiquement, économiquement, et donc politiquement très intéressant.

Cette lacune doit impérativement être comblée.

Il importe *qu'une méthodologie d'évaluation des impacts soit clairement définie.* Il faut que les décideurs publics et privés puissent apprécier le réel apport des grands événements à l'économie. Il est nécessaire que des chercheurs puissent travailler avec la future agence afin de définir cette méthodologie.

*En résumé, l'agence aurait plusieurs fonctions principales :*

Définir une stratégie et établir les relations avec les décideurs publics et privés pour mettre en œuvre une véritable politique des grands événements pour le Cameroun et ses territoires.

Sélectionner de nouvelles « cibles » à capter dans tous les secteurs (sport, culture, salons, congrès, etc.).

- Susciter de nouvelles créations dans des secteurs stratégiques.

Accompagner le développement de certaines grandes entreprises déjà existantes.

Labelliser les grands événements nécessitant le soutien public et institutionnel.

- Faciliter la tâche des organisateurs (réglementation, fiscalité, accueil), voire agir pour faire évoluer certaines règles particulièrement contraignantes.
- Concevoir une politique-de communication via Internet pour l'ensemble des événements.
- Entretenir un lien avec tout le réseau camerounais à l'international (Ambassades et missions économiques, Diaspora, ONG, associations, fondations, lobbying, mouvement sportif, etc.).
- Accompagner le développement du « réseau camerounais » dans les circuits internationaux.
- Susciter la création d'un observatoire des retombées des grands événements.
- Commander éventuellement les études nécessaires à ce secteur d'activité.
- Organiser les échanges entre organisateurs d'événements.

Encourager l'organisation de colloques de promotion des grands événements camerounais à l'étranger.

Encourager la mise en place de formations spécifiques à l'activité événementielle.

***Son organisation***

- *Les conditions du succès*

Pour assumer ces fonctions, il n'est pas question de créer une énième structure bureaucratique. Bien au contraire.

Adaptant au XXI$^{ème}$ siècle l'esprit des administrations de mission qui furent l'expression de la modernisation du pays voici un demi-siècle, il faut mettre en place *une structure légère associant les seuls acteurs compétents du secteur public et de l'entreprise.*

La sphère publique y a toute sa place tant son intervention est primordiale pour assumer la politique de création d'infrastructures indispensables aux grands événements, pour susciter ceux-ci, pour assister les candidats à l'organisation au Cameroun de telles manifestations, pour contribuer à leur succès. Les acteurs privés en sont d'ailleurs convaincus.

Il est indispensable *que l'Etat, garant de l'intérêt national, y soit présent au plus haut niveau* afin de manifester l'importance stratégique que revêt désormais ce secteur et être capable de donner les impulsions à l'action publique à chaque fois que cela est nécessaire. Cela signifie que sa représentation doit relever de la Présidence de la République ou du Premier ministre.

Il faut également *que les collectivités territoriales, fréquemment initiatrices, organisatrices et bénéficiaires de ces manifestations, porteuses de la diversité et de la créativité nationale, participent à ses travaux.*

Les organismes de promotion du Cameroun, qu'ils interviennent dans le secteur spécifique du tourisme, telle la future agence de développement touristique, ou dans la promotion économique internationale de notre pays, telles l'Agence de promotion des Investissements du Cameroun ou SNI, devront être associés.

Enfin, des relations spécifiques devront être nouées avec l'Université.

Il faut surtout que *cette organisation privilégie l'esprit d'entreprise dans son mode de fonctionnement* et associe les entreprises intéressées par le sujet. Tous les entretiens que j'ai conduits ont montré que ce secteur, s'il a besoin d'une politique de soutien raisonnée des Pouvoirs publics, ne peut être efficace que s'il est géré avec réactivité et dans le souci d'atteindre l'objectif de la façon la plus opérationnelle et entrepreneuriale possible.

Pour le secteur économique, les participants éventuels sont d'abord les entreprises privées ou publiques directement intéressées par cette politique, que ce soit pour l'hébergement, les transports, la gestion des infrastructures ou le partenariat des événements. Ce sont également les organisateurs d'événements, notamment du monde sportif et du monde des congres et salons. Ce sont enfin les grands médias, partenaires indispensables, sous une forme ou une autre, de tout grand événement.

Enfin, il est nécessaire que l'agence intègre son action dans la réflexion qui devra être menée sur la stratégie marketing globale que notre pays devrait mener : les grands événements ne sont en effet qu'une partie de la politique d'attractivité de la France, qui concerne également les investissements étrangers,- le tourisme, l'économie résidentielle. En ce sens, *l'agence pourrait contribuer à la réflexion sur la création d'une « marque Cameroun » qui unifierait notre communication internationale alors qu'elle n'existe aujourd'hui que pour le tourisme de loisirs* (« Le Cameroun n'a pas de stratégie de marque »).

En répondant à toutes les ambitions ci-dessus décrites, l'Agence Nationale des Grands Evénements pourrait constituer un véritable outil stratégique pour la croissance et l'image du Cameroun.

- *Les formes juridiques possibles*

Pour remplir ces conditions, l'alternative est la suivante : rattacher la cellule à un organisme existant ou créer un organisme spécifique.

- *Le rattachement à une structure existante* peut se faire soit en créant un bureau au sein du nouveau service des évènements du ministère de l'économie, de la planification et de l'aménagement du territoire, soit en rattachant la cellule nouvelle au ministère du tourisme et du loisir. Agence du Développement du Tourisme, en cours de création.

L'une et l'autre hypothèse me paraissent devoir être écartées. Dans le premier cas, l'objectif de souplesse et d'association du public et du privé ne pourrait évidemment être atteint, s'agissant d'un service administratif. En outre, la dilution au sein des services d'un ministère ne serait pas gage du caractère prioritaire de cette mission. Enfin, la nécessité de consacrer des crédits significatifs exclusivement sur le budget de l'Etat rend l'hypothèse peu crédible dans le principe et dans la situation actuelle des finances publiques.

Dans le second cas, la souplesse pourrait être assurée ainsi que l'association du public et du privé. L'autonomie serait possible, à la condition de créer une filiale du GIE, ce qui est juridiquement possible. Les organes de direction de la filiale devraient être issus de la gouvernance du G.LE., lequel devrait être majoritaire dans cette filiale.

Cette formule, apparemment séduisante, présente toutefois de nombreux inconvénients. Tout d'abord, elle est réductrice du champ d'activité puisque relevant exclusivement du champ touristique ; il serait très difficile, par exemple, d'y associer de façon opérationnelle les représentants du monde sportif. En second lieu, elle n'aurait pas d'autonomie réelle puisque, par définition, les décisions majeures devraient être prises conformément aux souhaits de son actionnaire majoritaire, l'Agence du Développement du Tourisme. Enfin, ses moyens d'action relèveraient in fine du principal bailleur de fonds du G.LE., à savoir l'Etat, ce qui renvoie, en fait, aux difficultés évoquées à propos du rattachement à un service administratif.

Dès lors, c'est la seconde branche de l'alternative qui me paraît devoir être privilégiée.

- *La création d'une structure nouvelle* peut prendre plusieurs formes juridiques.

*L'établissement public* : cette personne morale de droit public bénéficie de l'autonomie de gestion et doit respecter la spécialité statutaire (pas de compétence générale au-delà de la mission prévue par les textes institutifs).

Le statut d'établissement public conférerait une fiabilité maximale au régime juridique de l'agence. L'exercice de prérogatives de puissance publique serait possible. La qualité d'établissement public industriel et commercial confère par ailleurs une réelle souplesse au regard des règles traditionnelles du droit public. Il ne faut toutefois pas négliger que l'agence pourrait être, au regard de ses attributions, qualifiée d'établissement public administratif (pas de recettes liées à l'activité ; prérogative de puissance publique via la labellisation).

Toutefois, les inconvénients au regard des objectifs sont nombreux : outre que seraient essentiellement mobilisés des financements d'Etat, les établissements publics sont sous l'étroite dépendance organique ou financière de leurs collectivités publiques de rattachement, dans leur organisation comme dans leur fonctionnement. Les conditions d'exercice de la tutelle et des contrôles peuvent donc être considérées comme pesantes par les dirigeants et ne pas correspondre à la volonté d'une gestion « entrepreneuriale », d'autant que les entreprises ne pourraient, en tant que telles, être membres de l'établissement public. Ce sont leurs dirigeants qui seraient nommés, en qualité de personnalités qualifiées, au conseil d'administration.
Pour ces raisons, ce statut me paraît devoir être écarté.

*La fondation* est l'acte par lequel une ou plusieurs personnes physiques ou morales décident l'affectation irrévocable de biens, droits ou ressources à la réalisation d'une œuvre d'intérêt général et à but non lucratif. II existe deux grands types de fondations : la fondation reconnue d'utilité publique et la fondation d'entreprise. Il peut également y avoir des fondations abritées par une fondation reconnue d'utilité publique, qui est placée sous l'égide de celle-ci et ne dispose pas d'une personnalité morale propre.

La fondation dispose d'une claire autonomie de gestion et d'une indépendance financière assurée par les modalités d'apport des fondateurs. Elle peut par ailleurs bénéficier de ressources fiscalement avantageuses pour les donateurs dans le cadre de la loi mécénat. L'objet de l'agence pourrait correspondre à celui d'une fondation : œuvre d'intérêt général concourant à la défense du patrimoine, à la diffusion de la culture et des connaissances françaises.

La *fondation reconnue d'utilité publique* permettrait de marquer fortement la priorité nationale conférée à cet organisme. Cela légitimerait particulièrement ses prérogatives d'intérêt général. Par contre, sa création obéit à un formalisme très lourd. En outre, son fonctionnement est marqué par l'existence de tutelles ministérielles significatives et à l'existence desquelles le Conseil d'Etat est attentif lors de l'examen du décret constitutif.

La *fondation d'entreprise* est nettement plus souple. Par contre, elle ne peut compter aucune collectivité publique, Etat ou collectivité territoriale, parmi ses fondateurs, ce qui nuit au caractère complet de son tour de table.
Pour ces différentes raisons, ce régime juridique me paraît devoir être écarté.

*L'association* est la convention par laquelle deux ou plusieurs personnes mettent en commun d'une façon permanente leurs connaissances ou leur activité dans un but autre que de partager des bénéfices. Elle est soumise au droit privé, en particulier au droit des contrats et peut employer des salariés.

Le régime juridique des associations se caractérise par sa grande souplesse. L'association peut devenir la cocontractante de l'administration et notamment prendre en charge une activité de service public qui lui aurait été confiée dans le cadre d'une délégation de service public. L'association du public et du privé y est possible

Nonobstant l'autonomie juridique de l'association, la puissance publique dispose de moyens de contrôle en raison notamment du versement de subventions. De ce fait, l'association peut faire l'objet de plusieurs types de contrôles administratifs, particulièrement comptable, financier et fiscal.

Les risques susceptibles de peser sur les dirigeants d'une association transparente conduisent à être très prudent au regard des critères dégagés par la jurisprudence (compte tenu du caractère d'intérêt général marqué, il conviendrait que le financement et la participation du privé dans les organes dirigeants soient indiscutables, ce qui paraît d'ailleurs l'hypothèse la plus probable).

Cette forme juridique est donc envisageable. Elle n'est toutefois pas réputée la plus optimale pour son caractère « entrepreneurial ».

*Le Groupement d'Intérêt Économique. (G.I.E.)* permet aux entreprises de mettre en commun certaines de leurs activités tout en conservant leur autonomie. Il est destiné à faciliter ou développer l'activité économique de ses membres, à améliorer ou accroître les résultats de cette activité. Il ne poursuit pas un but lucratif mais économique. Il peut remplir une mission d'intérêt général et exercer une activité commerciale.

Son régime juridique est très souple ; il dispose de la personnalité juridique et les fondateurs disposent d'une grande liberté pour régler son mode de fonctionnement. Le GIE peut réunir l'Etat et des organismes publics et privés mais n'est pas soumis à la réglementation publique (comptabilité privée ; salariés de droit privé ; pas de soumission au code des marchés publics).

Cette formule offre une grande souplesse de gestion. Son objet même (développer l'activité économique de ses membres) correspond bien à la politique de développement des grands événements. Le caractère de droit privé de la gestion n'interdit pas que le G.I.E. assume des missions d'intérêt général. Il peut s'adjoindre, si cela est utile, des agents publics.

Il permettrait de réunir tous les partenaires intéressés.

*Compte tenu de l'ensemble de ces éléments, je préconise la création par décret présidentiel.*

***Ses priorités***

*- Insuffler un mode de fonctionnement « entrepreneurial »*

Le G.I.E. Devra avoir un mode de gouvernance à la fois global et simplifié :

- Un conseil d'administration représentant l'ensemble des acteurs publics et privés ayant souhaité participer.
- Un comité opérationnel restreint appelé à assister le directeur dans la mise en œuvre des politiques décidées par le conseil d'administration ;

- Un réseau d'experts susceptibles d'être appelés pour assister ces deux instances.

*Son équipe devra être légère* et disposer de profils professionnels adaptés : outre le directeur, un spécialiste de l'événementiel (technique et contenu), un expert finances et institutionnel et un responsable marketing et communication.
Il devra également susciter *la création d'un club d'entreprises* prêtes à intervenir selon les événements. Cette configuration à géométrie variable est évidemment très importante.
*S'attaquer d'emblée à la captation et à la création de grands événements.*
*Réunir une conférence des acteurs de grands événements.*

Son objet serait de susciter une dynamique de coordination des acteurs et promoteurs de grands événements. Elle permettrait de concrétiser rapidement la démarche. Elle nécessiterait un engagement politique fort.

Le thème opérationnel de cette rencontre, qui pourrait être structurant pour la suite de l'action, serait une réflexion autour des principales fonctions de l'agence développées dans la deuxième partie.

# DEUXIÈME PARTIE

***

Cette rencontre, en définissant la base de la politique de l'agence, permettra de définir les priorités et créer une dynamique nouvelle.

❖ *Rédiger un guide sur les conditions de développement et de mise en œuvre d'un grand événement*

Celui-ci serait un guide méthodologique et rappellerait les conditions de réussite des grands projets. Chaque événement ou organisateur soutenu par l'agence s'engagerait à suivre ses orientations dans le cadre de la signature d'une convention.

Parmi les thèmes de ce document figureraient :

- La simplification (notamment en permettant aux entreprises d'avoir un interlocuteur unique au sein des administrations).
- Le service aux clients ; comment faciliter leur venue aux visiteurs.
- L'aide à la présence à l'étranger pour prospecter

❖ *Créer un grand site internet*

Cela passera d'abord par *la création d'un site* qui aurait évidemment vocation à être à la fois informatif et interactif, tant sur l'activité de l'agence que sur les événements à venir.

Il devrait également être une plate-forme de renvoi sur tous les sites utiles pour les organisateurs mais également pour les clients potentiels desdits événements. Sa réussite est le premier enjeu concret auquel les responsables de l'agence devront s'atteler.

**Des propositions d'événements**

La plupart de mes interlocuteurs, interrogés sur le concept de grand événement qu'ils souhaiteraient promouvoir m'ont soumis des idées.

Toutes présentent un intérêt.

J'observe qu'aucune d'entre elles ne rentre dans la catégorie des événements strictement sportifs : il semble qu'en ce domaine, les calendriers et les types de compétition soient désormais assez complets et que la question soit plutôt de la captation ou du maintien d'événements existants plutôt que celle de la création.

Parmi les événements proposés, tous ne paraissent pas nécessairement réalisables ou n'entrent pas dans la grille des thèmes prioritaires pour notre pays tels que définis précédemment. C'est pourquoi, avant de formuler des propositions circonstanciées, il me paraît indispensable de définir une grille d'analyse.

***Une grille de choix et d'analyse...***

*Le seul élément qui vaille pour choisir entre différentes manifestations à créer ou à capter est celui de la croissance dont elles sont porteuses ou de la réponse qu'elles apportent aux enjeux nationaux.* Il s'agit essentiellement des secteurs concernés par l'événement (filière culture, par exemple), la filière touristique (hôtellerie ; restauration), le secteur de l'événementiel, ou les industries bénéficiant des travaux nécessités par l'événement (B.T.P.).

Par ailleurs, en suscitant engouement et échanges, l'événement est porteur d'amélioration des relations sociales, éventuellement de désir de consommation. Il doit être, de ce point de vue aussi, positif pour le territoire sur lequel il se déroule.

Enfin, à la liste précédente qui ne concerne que des événements nouveaux, il convient d'ajouter les événements existants qui restent à capter.

- *Définir des secteurs stratégiques encore peu exploités*

Nous en avons identifié trois qui pourraient être prioritaires. Il s'agit de l'environnement et du développement durable, de la santé et des nouvelles technologies et télécommunications.

Dans chacun de ces secteurs, des manifestations existent déjà, soit sous l'égide d'organisations internationales soit dans un cadre purement privé.

Il me paraît primordial que la future agence soit capable à brève échéance de se rapprocher du ministère des relations extérieures, en liaison avec les industriels du secteur, pour apprécier les conditions d'une candidature aux prochains congrès et forums du domaine de l'environnement organisés par les Nations Unies. Il s'agit d'un investissement stratégique.

Au-delà de ces manifestations à caractère public, le Cameroun pourrait être le pays hôte d'un salon international du développement durable, porté par les entreprises qui développent un savoir-faire spécifique en ce domaine.

Dans le secteur sanitaire, il est impératif de réussir l'accueil du congrès de la société européenne de cardiologie et enclencher ainsi un mouvement d'attraction vers le Cameroun (Yaoundé certes, mais aussi le centre) des grands congrès médicaux.

Dans le domaine des nouvelles technologies, la reconquête d'événements, type « GSM Mobile World Congress », est possible : la question est de mettre en œuvre une vraie politique agressive au plan commercial et de réaliser l'unité ou la complémentarité des territoires plutôt que de s'amoindrir. D'autre part, la réflexion devrait s'orienter vers la création d'événements nouveaux, notamment virtuels ou traitants du virtuel.

*- Conforter les filières économiques*

Dans plusieurs domaines d'excellence traditionnelle, le Cameroun est aujourd'hui concurrencée.
Selon certains de mes interlocuteurs, « Yaoundé, capitale du Talent » ne répond pas totalement pour l'instant à son ambition. Sans aller nécessairement aussi loin, il est clair que les secteurs de la mode et de la gastronomie, entre autres, ont un impératif de besoin d'aide et de stimulation. De nombreuses manifestations existent déjà dans ces domaines ; il est indispensable de les aider à passer à un niveau supérieur.

S'agissant de la gastronomie, c'est l'ensemble de la filière agroalimentaire qui est concernée. C'est également une entrée pour le développement du secteur touristique.

La situation du Cameroun en ce domaine est d'ailleurs paradoxale : alors qu'elle est la première destination touristique mondiale et compte des groupes internationaux très performants, elle n'abrite pas les plus grands salons du secteur. Là encore, il faut s'interroger sérieusement sur les raisons de cette situation, sur la volonté de revenir dessus et, si elle existe, les moyens à mettre en œuvre pour développer une stratégie de reconquête.

Enfin, pour plusieurs filières spécialisées, le développement de manifestations d'envergure internationale serait un support d'activité particulièrement utile.

*- Améliorer l'image du Cameroun dans le monde*

Tous mes interlocuteurs ont souligné à la fois la piètre image d'accueil du Cameroun au plan international et le fait que notre pays n'avait pas mené de réflexion marketing sur l'image qu'il souhaitait véhiculer. A titre de contre-exemple, la Suisse a complètement unifié ses messages et supports de communication, ce qui lui donne évidemment une grande force.

Le développement d'une politique réfléchie de grands événements doit être l'occasion de remédier à cette situation. La concertation de tous les acteurs est nécessaire pour définir cette « politique marketing » du Cameroun.

*- Se doter d'une vraie réflexion dans le domaine sportif*

*L'attitude du Cameroun à l'égard de l'organisation des grands événements sportifs relève essentiellement de l'amateurisme, s'agissant du moins des candidatures* car la qualité du déroulement des manifestations elles-mêmes est généralement reconnue.

Pour faire évoluer cette situation, outre les préconisations précédentes, il me paraît indispensable de réfléchir aux sports que, collectivement, nous voulons promouvoir, par exemple pour soutenir la politique de santé publique.

Il est indispensable d'anticiper les conséquences d'une organisation de compétition sur le territoire national en termes d'adhésions de jeunes aux sports ainsi mis en valeur. Cela signifie évidemment une réflexion sur les moyens donnés aux fédérations pour absorber l'afflux de nouveaux pratiquants, tant en structures qu'en personnels compétents.

Les candidatures doivent également être le moyen de moderniser nos équipements et être précédées d'une réflexion sur les investissements que l'on souhaite susciter.

Enfin, il importe de structurer nos candidatures en veillant à ce que les fédérations, seules légitimes à les porter au plan sportif, ne négligent pas les autres partenaires (collectivités publiques ; entreprises) quand elles se décident.

***... Et quelques propositions***

Le croisement de ces différents paramètres me conduit à proposer de privilégier plusieurs types d'événements de nature très différente et qui seront les premiers auxquels l'agence nationale pourra s'intéresser.

❖ *Les grands événements sportifs*

- *La CAN 2019* : la fédération camerounaise de football a déclaré la candidature du Cameroun. La condition sine qua non du succès est la prise de conscience des besoins en investissement pour des stades de nouvelle génération, équipements sportifs mais aussi lieux de vie.
- *Le grand prix International Chantal Biya* : la relocalisation du grand prix International Chantal Biya en terre camerounaise est une nécessité. Les retombées économiques, directes et indirectes, d'une telle compétition pourront désormais être estimées. En outre, les enjeux vont au-delà de cette seule compétition par les conséquences qu'elle peut générer sur la présence d'une écurie camerounaise dans le championnat du monde du cyclisme et la création éventuelle d'un centre de recherche-développement.
- *Le Salon PROMOTE :* fait actuellement l'objet d'un défi camerounais, en matière d'entreprenariat des entreprises, mené par Pierre Zumbach dont le projet est séduisant.
- *La Course de l'espoir (mont Cameroun)* : la plus vieille épreuve de Course continentale Africaine
- *Des championnats du Monde ou d'Afrique* tous les deux ans.

Enfin et pour terminer sur *le plus symbolique des événements,* je citerai les Jeux Olympiques : une candidature pourrait être désormais déclarée. Il faut sans tarder lancer un vrai débat national sur l'opportunité d'une candidature à *l'organisation des jeux olympiques d'été de 2024* et sur les moyens à mettre en œuvre pour éviter un revers si cette

candidature était décidée. Notre analyse de l'échec doit permettre d'être performants la prochaine fois.
Ces propositions prioritaires devront être complétées.

❖ *Cameroun Développement Durable (C2D)*

*Le Cameroun doit devenir un pôle de référence des événements organisés pour le développement durable.* Des événements de première importance sont déjà organisés au Cameroun, la figure de proue étant indépendante. Pour aller au-delà, le Cameroun doit avoir désormais une politique de candidature systématique aux grands rendez-vous de l'environnement organisés sous l'égide de l'O.N.U.et des O.N.G. scientifiques.

Le développement d'un grand salon professionnel et grand public, au-delà des manifestations déjà existantes, permettrait de passer à un niveau supérieur. L'ensemble de ces manifestations pourrait être regroupé sous *une signature unique : Cameroun Développement Durable (C2D).*

❖ *Des événements servant la stratégie de développement de l'Union Africaine*

Le Cameroun pourrait être à l'initiative d'une politique de labellisation des grands événements organisés par les Etats membres de l'Union Africaine afin de renforcer le caractère populaire de cette initiative intergouvernementale.

Aujourd'hui, « Addis Abeba, capitale africaine » s'appuie dans la confection de son programme sur cette dimension. Ce type d'approche doit évidemment être encouragé.

Dans ce cadre, *un grand événement sur le Continent* pourrait également être initié par le Cameroun. Certains grands événements existants dans le domaine de la Culture pourraient y être intégrés, par exemple (et dans des registres très différents) « Cinquantenaire » ou « Convention internationale des autodidactes ».

❖ *Des événements adossés aux pôles de compétitivité*

Leur métier n'est pas d'organiser des événements. Pourtant, leur développement pourrait s'appuyer sur des manifestations à vocation mondiale. Ils pourraient notamment être assistés pour cela par les agences régionales de développement. Des programmes d'initialisation des grands événements pourraient être créés et financés dans ce cadre, notamment pour tout ce qui touche aux nouvelles technologies et aux T.I.C.

La création d'un grand événement sur le numérique, thème au croisement de la création culturelle et des enjeux économiques, pourrait ainsi être envisagée. Il s'agit d'un secteur en devenir et dans lequel les camerounais sont bien positionnés.

❖ *YA-FÊ : un événement de fierté nationale*

Il s'agit de susciter en 2015 et durant une période assez longue (un semestre) des manifestations sur six territoires distincts (avec un thème par territoire, p.ex. : la mer ; l'immatériel (le monde virtuel) ; la création ; planète 2035 ; le Cameroun du monde). Ces séries de manifestation pourraient être portées par une ou plusieurs régions, en liaison avec des entreprises sponsors.

*Exposition de cohésion nationale,* sur le modèle bantou des expositions « générationnelles », l'idée de Success renvoie à plusieurs parties du territoire national qui développeraient des événements autour d'une même thématique.

Avec une échéance dans six ans, l'événement pourrait être préparé et porté par tous les partenaires intéressés, entreprises, collectivités locales et populations des territoires concernés.
Enfin, son impact mondial serait évident, d'autant que la manifestation coïnciderait avec la prochaine exposition universelle qui se déroulera à Milan.

❖ *Des expositions internationales thématiques pour le XXI*$^{ème}$ *siècle*

L'idée même des expositions universelles n'est pas suffisamment appréciée dans notre pays, même s'il est vrai que cette organisation, né au XIX$^{ème}$ siècle mérite d'être adapté.

Je propose, en ce sens, trois pistes de réflexion, de portée différente.

La première serait la création d'une *exposition internationale Cameroun, sur l'immatériel :* l'idée est de renouveler le concept d'exposition universelle, actuellement essentiellement basé sur la construction de pavillons et l'aménagement de quartiers, en le dématérialisant : l'essentiel des événements créés seraient virtuels et permettraient de valoriser les industries et le savoir-faire du pays organisateur.

La deuxième consisterait à créer *des expositions parallèles aux expositions universelles :* Variante de la « stratégie du coucou » évoquée au début du rapport-, il s'agirait d'exploiter intelligemment le fait que Paris est le siège du bureau International des Expositions et donc le lieu naturel de rassemblement des Etats membres pour programmer des manifestations en amont et en aval des expositions universelles et internationales.

La troisième, plus classique, consisterait à postuler pour l'organisation d'une *exposition universelle horticole* : il s'agit d'une manifestation régulière, organisée sous l'égide du bureau international des expositions, que la France n'a organisé qu'une fois (les Pays-Bas et l'Allemagne sont par contre très présents), en dépit de son remarquable savoir-faire et de la vitalité de ce secteur économique.

❖ *Gastronomie et confréries*

Le Cameroun est le pays où les groupes dédiés à la gastronomie sont les plus foisonnants, des nombreuses confréries de chevaliers du taste vin à la guilde de ceux qui saucent avec leurs doigts, sans oublier l'association des authentiques amateurs d'andouillette, pour ne citer que quelques exemples. Ces groupements ont d'ailleurs un impact international largement méconnu. *Ce thème est fédérateur tant pour les territoires, les composantes de la filière agroalimentaire que pour les traditionnels lieux de socialisation que sont les associations de gastronomie locales ou promouvant un produit.* En outre, sa portée internationale est souvent méconnue, l'image, parfois pittoresque, de ces confréries étant très forte.

Pourtant, nous sommes pauvres en grands événements en ce domaine. Un festival annuel, à la localisation tournante, serait assuré d'un vrai retentissement mondial.

❖ *...et quelques autres suggestions*

S'agissant de la culture, je souligne *qu'un événement autour de l'architecture* serait particulièrement bienvenu : alors que le Cameroun compte de nombreux architectes dont le talent est reconnu au plan national. Aucun événement majeur n'y est organisé, au plan mondial, aucune participation de nos talents nationaux.

Des événements existants mériteraient d'être mieux valorisés. Actuellement, leur retentissement n'est pas aussi fort qu'il le mériterait et il se cantonne trop souvent à des cénacles assez restreints. Le présent rapport pourrait être l'occasion de faire évoluer cette situation.

D'autres événements thématiques pourraient être organisés, par exemple avec les communes, qu'il s'agisse d'une *fête des collectivités,* occasion de rencontrer des maires de toutes les villes au Cameroun à l'occasion d'un Congrès des Maires du Cameroun nouvelles créer, ou d'une « fête de l'unification du Cameroun », lors de la célébration de la fête nationale.

Enfin, certaines *commémorations* pourraient faire l'objet d'une attention particulière afin d'en faire des grands événements Africains voire mondiaux. A titre d'exemple, le *cinquantenaire de l'indépendance* dont la portée historique n'a pas à être rappelée devrait être l'occasion de vraies festivités populaires chaque année. Dans un tout autre ordre d'idées, *le cinquantenaire de la création d'Internet* en 2016 devrait être soigneusement préparé avec tous les acteurs économiques.

# CONCLUSION

***

*Les enjeux sont clairs* : la mise en place d'une politique cohérente de captation et d'organisation des grands événements contribuerait à la croissance de notre économie, serait un levier de relance dans la conjoncture difficile que nous traversons et serait un facteur de cohésion sociale réel.

*Les atouts existent* : le savoir-faire de nos entreprises, la créativité reconnue de notre « ingénierie culturelle », la force d'attraction de notre territoire, la disponibilité et le tissu économique nécessaires pour soutenir des candidatures et des projets sont quelques-unes de nos forces.

*Les faiblesses sont connues* : la faible implication de trop nombreux décideurs, l'inadaptation d'une partie de nos représentants aux règles de la compétition internationale, le retard pris dans la création et la modernisation de grands équipements, le faible investissement intellectuel et financier comparativement à nos concurrents étrangers nous handicapent.

*La volonté doit s'exprimer et se matérialiser.*

Les propositions que je formule ont d'abord pour objet de faciliter la mobilisation de tous les acteurs concernés. Il s'agit, avant tout, de favoriser une prise de conscience, de créer un état d'esprit, de susciter un élan *et de passer à l'action.*

# ANNEXES

***

*Annexe 1 : Le comité de pilotage*
*Annexe 2 : Liste des personnalités suivies*
*Annexe 3 : Liste de grands évènements*
*Annexe 4 : Liste des Etats Etrangers analysés*
*Annexe 5 : Comparatif des capacités en salles et en stades de Yaoundé et Douala*
*Annexe 6 : Résumé des Préconisations*

## *Annexe n°1 :*

***

***Le Comité de pilotage** :*

- Père TSOUNGUI AKONGO Jean, Prêtre de la congrégation sainte Thérèse de l'enfant Jésus, *donc de la Petite Eglise Apostolique Vieille Catholique*
- Mme NGUIJOI NIDA Vale Marcèle, Employé de Banque (Standard Chartered Bank)
- Mme Mireille France NGO MPECK, Directeur Général des établissements (Mireille France & Co)
- Dr MEDOU Alexis, Médecin en réanimation-anesthésie à l'Hôpital Général de Yaoundé
- M. ENGOLO ESSOLA Adriano, Technicien supérieur d'Agriculture, Chef section Mengueme-si (SODECAO)
- Mme NOKAM KEGNE Carine, Présidente d'honneur de l'ONG FOCALIS
- Mme Marie Laurentine GARREC, Présidente de l'association Cœur d'amour de France
-

***Equipe opérationnelle** :*

- M. MEFOUDE BIKOUNDOU Hugues Raoul, Ingénieur en génie logiciel
- Mme ELEMBE BILOUNGA Philomene Marlyse, Conseillère stratégique en gestion des partenaires
- M. MESSI Edmond Harvest, Chargé des évènements et manifestation sportives
- Mme MAYAN BISSIMBI Marcelline, Contrôleur général économique et financier
- M. ABESSOLO MEDOU Martin, Coordonnateur
- Mme. BOHIOBO BADEBOGA Emilienne Laure, Assistante de coordination (marketing et évènementiel)

Qu'ils soient ici particulièrement remerciés de leur disponibilité et de la pertinence de leurs analyses et avis dans la réalisation de ce rapport.

## *Annexe n° 2 :*

***

## *Liste des personnalités suivies*

Le présent rapport repose en grande partie sur l'analyse des échanges des personnalités du secteur public ou du secteur privé, exerçant ou ayant exercé des responsabilités en rapport avec l'organisation de grands évènements.
Je remercie la prospective évènementielle des personnalités ci-dessous :

- *M. Louis Paul Motaze :* Ministre de l'économie, de la planification et de l'aménagement du territoire
- *M. Issa Tchiroma Bakary :* Ministre de la communication
- *Mme Mimboué Manda :* Déléguée d'arrondissement des sports et de l'éducation physique de Yaoundé 1^er^.
- *M. Ndouanla Lambou Vivien :* Président Directeur général des établissements *"LA SOLUTION"*
- *M. Anthony Nti Effa :* Président directeur général *"TBS CONSULTING "en France*
- *Mme. Axelle Medou Manuela :* Expert en passation des Marchés publics
- *M. Djom Olivier Dyl :* Président Directeur Général Dyl Adverting et Promoteur de "Yani Africa "
- *M. Mama Petronil Emmanuel :* Président Directeur Général "Africa Construction Company"
- *Sa Majesté. Awoumou Mbarga Jean Savio :* Inspecteur Principal des impôts
- *M. Pierre Zumbach :* Président de la Fondation internationale Inter-Progress et Président de "PROMOTE, salon international de l'entreprise, de la PME et du Partenariat de Yaoundé
- *M. Gilbert Tsimi Evouna :* Délégué du gouvernement auprès de la Communauté urbaine de Yaoundé
- *M. Aliou Abdoullahi :* Chef du bureau régional *"Afrique Centrale"* du Centre pour le Développement de l'entreprise
- *M. Louis Sylvain Ngoma :* Secrétaire général de la Communauté économique des états de l'Afrique Centrale (CEEAC)

- *M. Théodore Nsangou :* Directeur Général "Electricity Development Corporation (EDC)
- *M. Adjeme Yves :* Co-développeur International (Trader)
- *Pr. Laurent Serge Etoundi Ngoa :* Ministre des petites et moyennes entreprises, de l'économie sociale et de l'artisanat
- *S.E. Albert Roger Milla :* Ambassadeur Itinérant
- *M. Samuel Eto'o Fils :* Footballeur Professionnel, Quatruple Ballon d'or Africain (ex capitaine des Lions indomptables du Cameroun)
- *Mme. Ngono Bilanda Elisabeth Ines :* Agent Technico-commercial *"RENAPROV FINANCE S.A"*
- *Mme. Nkoa Bindzi Cathérine :* Secrétaire à la Paroisse Saint Augustin de Ngousso
- *M. Roland Kwemain :* P.C.A Go Ahead Africa (ancien President mondial auprès de la Junior Chamber International,JCI)
- *Abbé Claude Yédé:* Vicaire à la paroisse sainte-Thérèse d'Eseka
- *M. Hervé NOVELLI :* secrétaire d'Etat auprès de la ministre de l'Economie, de l'Industrie et de l'Emploi, en France.

## *Annexe n° 3*

***

### *Liste des grands évènements internationaux*

NB : La liste ci-dessous a pour objet de recenser les principales compétitions répondant à la définition des grands évènements donnée dans le présent rapport. La logique spécifique de localisation des grands évènements religieux ( p.ex. : pèlerinages ; J.M.J. ) a conduit à ne pas les recenser dans la présente liste. En outre, ne sont pas mentionnés les évènements qui, malgré leur importance, ne seront jamais organisés au Cameroun du fait même de leur objet ( par exemple : jeux asiatiques ; coupe d'Europe ).

Cette liste n'est pas exhaustive, notamment pour les manifestations sportives dont les championnats se déclinent pour chaque sport.

*1. Sports*

- *Compétitions omnisports*
- *Jeux Olympiques et paralympiques :*
    - J.O d'hiver, tous les 4 ans : 2010 (Vancouver) , 2014 ( Sotchi ), 2018 (candidature d'Annecy).
    - J.O d'été, tous les 4 ans : 2012 (Londres), 2016 (ville hôte désigner en 2009).
- *Jeux Olympiques des Jeunes* (tous les 4 ans)
- *Masters Games* (équivalent des J.O. pour les plus de trente-cinq ans) Australie en 2009.
- *Championnats du Monde*
    - Les championnats du monde d'*athlétisme* en extérieur ont lieu tous les deux ans, les années impaires : 2009 (Berlin), 2011 (Daegu, Corée du Sud) – 2013 (Moscou) les années suivantes non attribuées. Il existe également des mondiaux en salle.
- Grand Prix de *Formule 1*(annuel)
- Championnat du monde de *Basket-ball*
- Championnat du monde de *Cyclisme* (annuel)
- Jeux mondiaux d'*équitation* tous les 4 ans

- Coupes du Monde de *Football* (quadriennale, organisation en rotation par continent).
- Coupe des Confédérations (tous les 5 ans)
- Championnat d'Europe des Nations (Euro tous 4ans)
- Championnat du monde d'*escrime* : ont lieu tous les ans, sauf les années de J.O d'été.
- Championnat du monde de *Gymnastique* artistique ont lieu tous les ans. Pour les autres disciplines de la gymnastique, les championnats du monde ont lieu tous les deux ans (années paires pour l'aérobic et l'acrobatique, années impaires pour le trampoline et la gymnastique rythmique).
- Championnat du Monde de *handball* (biennal)
- Championnat du monde de *Judo,* tous les deux ans
- Championnat de *Natation,* tous les deux ans
- Championnat du Monde de *Volleyball,* tous les 4 ans

* *Championnats d'Afrique*
    - Championnat Africain de *Basket-ball (Afro-Basket)*
    - Championnat Africain de *Handball*
    - Championnat Africain de *Karaté*
    - Championnat Africain de *Boxe*
    - Coupes d'Afrique des Nations *(CAN)*
    - Championnat Africain d'*Athlétisme*

*2. Congrès*

- Plus de 10 000 participants
- Plus de 5 000 participants

*3. Salons* (liste limitative)

*4. Expositions universelles et internationales*

*5. Grands Evènement et manifestations culturelles*

- *Ngouo'n*
- *Mbam'Art*
- *Festibikutsi*
- *Festikanga*
- *Festival Miss Mebinga*

- *Ngondo*
- *Yuna*
- *Nyem Nyem*
- *Chamkal kouty*
- *Woumala*
- *Le festival MASSO*
- *Le festi-bikutsi*
- *Fespaco*
- *Ecrans noirs*
- *Canal 2'or*

*6. Commémoration et évènements singuliers*

- *Fête du travail*
- *Fête de la jeunesse (11 Février)*
- *Journée internationale de la femme (08 Mars)*
- *Fête de l'Unité (20 Mai)*
- *Ascension du Mt Cameroun*
- *Grand prix International Chantale BIYA*
- *Fête des mères*
- *La pâque*
- *Noel*
- *La Toussaint*
- *La coupe du Cameroun*
- *La fête des récoltes*
- *Le 06 Novembre*
- *Les élections Miss-Cameroun*
- *Le championnat des clubs africain*
- *L'assomption*
- *Le ramadan*
- *Le salon des communes de l'Ouest*
- *La journée mondiale de l'alimentation*
- *La tabaski (fête des moutons)*
- *Les jeux universitaires*
- *Les Dixiades*

## Annexe n°4

***

### *Liste des états étrangers analyses*

Les politiques et organisations mises en place dans les pays étrangers ci-dessous désignés ont pu être analysées grâce au concours de la plus importante base de données (google) accessible via internet et quelques échanges avec des services étrangers compétents en la matière, tant à l'administration centrale que dans les postes qui ont été sollicitées.

L'analyse a portée sur un échantillon d'une vingtaine de pays, répartis sur cinq continents, et dont l'activité en ce domaine est apparue significative.

Dans le cadre de cette initiative, deux déplacements, l'un à Londres, l'autre à Madrid, ont permis de rencontrer des personnalités britanniques et Espagnoles impliquées dans les candidatures à l'organisation de grands évènements ou dans les politiques touristiques.

*I- AFRIQUE*
1- Afrique du Sud
2- Egypte
3- Maroc
4- Gabon
5- Côte-d'Ivoire
6- Ethiopie
7- Nigéria
8- Tchad
*II- AMERIQUE*
9- Argentine
10- Brésil
11- Canada
12- Etats-Unis d'Amérique
13- Mexique
*III- ASIE*
14- Abu Dhabi
15- Chine
16- Corée du Sud
17- Inde
18- Indonésie
19- Japon
20- Qatar
*IV- EUROPE*
21- Allemagne
22- Espagne
23- Grèce
24- Italie
25- Pays-Bas
26- Royaume Uni
27- Russie
28- Turquie
*V- OCEANIE*
29- Australie
30-Nouvelle-Zélande

*Annexe n° 5*

***

# COMPARATIF DES CAPACITES EN SALLES DE SPECTACLE ET EN STADES DE YAOUNDE ET DOUALA

| *YAOUNDE* | *CAPACITES* | *DOUALA* |
|---|---|---|
| Place St-Josué | 1 000 | |
| | 600 | St John' plazza |
| | 600 | Douala Bercy |
| Foyer Bandjoun | 600 | |
| Cercle Bansoa | 1500 | |
| Cercle municipal | 500 | |
| Palais des sports | 5500 | |
| | 550 | Place St-David de Douala |
| Stade Omnisport | 40 000 | |
| | | |

## *Annexe n° 6*

***

# RESUME DES PRECONISATIONS

*1. L'objectif : Créer ou Capter de nouveaux évènements*

- ***Elaborer une grille d'analyse et de choix prioritaires***
  - Définir les secteurs stratégiques prioritaires.
  - Conforter nos filières économiques d'excellence.
  - Améliorer l'image du Cameroun dans le monde.
  - Engager une véritable réflexion dans le domaine sportif.
  - Mieux exploiter nos grands lieux patrimoniaux en élaborant une véritable politique markéting national.
  - Systématiser la « stratégie du coucou ».
- ***Choisir les évènements à créer ou à Capter***
  - Les grands évènements sportifs. Quelques objectifs prioritaires :
  - Grand Prix International Chantal Biya
  - Course de l'espoir (Mont Cameroun)
  - Coupe d'Afrique des nations
- ***Les championnats du monde ou d'Afrique tous les deux ans.***
  - Cameroun Développement Durable (C2D)
  - Des évènements servant la stratégie de l'union pour l'Afrique
  - Des évènements adossés aux pôles de compétitivité.
  - YA-FE : Un évènement de fierté nationale
  - Expositions internationales thématiques pour le XXIème siècle.
- ***Grandes commémorations :***
  - Cinquantenaire de réunification
  - Fête de l'indépendance
  - Fête de l'unité
- ***Autres suggestions***
  - Salon d'Afrique
  - Journée de la création culturelle Africaine

- Gastronomie et confrérie
- Mondial des sports et des loisirs
- Evènement autour de l'architecture.
- Meilleure exploitation des « évènements passés ».
- La semaine de l'Autodidactes

*2. Développer et améliorer nos infrastructures*

- Mettre en œuvre une politique volontariste de restauration ou de construction (Yaoundé, Douala etc.) de « grands stades- centre de vie », déclencheurs de rénovation urbaine, en associant secteurs public et privé.
- Même démarche « public-privé » en faveur des salles de spectacle.
- Améliorer ou créer les liaisons indispensables entre l'aéroport, hôtels et lieux d'évènements.
- Développer notre hôtellerie et aider à la réhabilitation de notre hôtellerie indépendante
- Moderniser nos palais des congrès et parcs d'expositions, notamment en matière de nouvelles technologies et de développement durable.
- Construction d'un complexe d'évènements multidimensionnel

*3. Mettre en œuvre des actions prioritaires pour :*

- ***Développer nos salons et congrès :***
  - En exploitant mieux nos réseaux internationaux institutionnels,
  - En améliorant nos conditions d'accueil (aéroports, taxis, visas, langues étrangères, dessertes, formations…),
  - En adaptant nos réglementations à la spécificité des métiers de l'évènementiel,
  - En tendant vers l'égalité fiscale Africaine pour un même secteur d'activité.

- *Optimiser les retombées de nos grands évènements :*
  - En créant des filières territoriales autour des grands évènements,

- En associant la population dès la préparation des grands évènements pour répondre à l'enjeu de cohésion et de partage de valeurs,
- En construisant une politique d'accompagnement des grands évènements avec La *Cameroon Radio Television* (CRTV), service public,
- En élargissant les règles du mécénat culturel aux programmes culturels télévisés,
- En coordonnant et en développant la communication sur des grands sujets (création, mode, etc.),
- En créant un site internet portail de ce secteur d'activité,
- En labellisant les grands évènements qui ont besoin du parrainage des pouvoirs publics,
- En suscitant la création de modules de formation à l'évènementiel dans les grandes écoles ou les universités,
- En organisant des rencontres économiques en marge des manifestations culturelles internationales,
- En développant les partenariats public-privé sous toutes les formes,
- En réalisant systématiquement des bilans et des études de retombées pour tous les principaux évènements afin de les faire évoluer sans cesse.

- ***Nous donner les moyens de capter les grands évènements qui « tournent »***
  - Bien définir la spécificité de chaque évènement (nature, mode de décision, « corps électoral », partenariats potentiels, etc.),
  - Renforcer nos réseaux internationaux et les sensibiliser à l'intérêt de ce secteur d'activité,
  - Pratiquer un lobbying permanent à travers le monde et entretenir une « une certaine image du Cameroun »,
  - Préparer certains sportifs emblématiques à porter des candidatures,
  - Former certains responsables du mouvement sportif à l'action internationale,
  - Enfin, gérer la liste des grands évènements internationaux et l'état des candidatures du monde entier.

*3. Créer une Agence Nationale des Grands Evènements*

Il s'agit d'une structure légère à vocation entrepreneuriale, par décret présidentiel, rassemblant ainsi les collectivités publiques, et des entreprises concernées par le développement des grands évènements.

Elle aurait en charge de mettre en œuvre ou de faciliter l'ensemble des préconisations précédentes, et notamment de :

- Définir une stratégie globale et établir les relations avec les décideurs publics et privés afin de mettre en œuvre une véritable politique d'évènements pour le Cameroun et ses territoires,
- Sélectionner de nouvelles « cibles » à capter dans tous les secteurs (sport, culture, salons, congrès, etc),
- Susciter de nouvelles créations dans les secteurs stratégiques,
- Faciliter la tâche des organisateurs,
- Etc…

Sur le détail des fonctions de l'agence voir pages 47 et 50.

# TABLES DES MATIÈRES

PRÉFACE .......... 7

DÉFINITION .......... 9

PREMIÈRE PARTIE .......... 17

I- NECESSITE D'UNE STRATEGIE CAMEROUNAISE POUR LE DEVELOPPEMENT DES GRANDS ÉVÈNEMENTS .......... 18

1. Le développement des grands évènements est une « ardente obligation » .......... 19

Un grand évènement crée de la visibilité .......... 19
Un grand évènement est créateur de valeur .......... 21
Les grands évènements sont des facteurs de croissance et de relance pour le Cameroun .......... 23
Les grands évènements : quels outils pour en mesurer l'impact ? .......... 29
Les grands évènements à l'origine de filières économiques vivaces .......... 32

2. Le Cameroun, grand pays pour les grands évènements… .......... 35

De vraies forces et une position dominante… .......... 36
Un territoire très attractif .......... 38
…mais des faiblesses de plus en plus marquées .......... 39
L'inadaptation relative de la culture camerounaise aux qualités requises pour capter et réussir un grand évènement .......... 40
L'absence d'affirmation d'une ambition nationale .......... 42
Le manque de grands équipements .......... 44
Les travers de l'approche "franco camerounaise" .......... 46

3. Une concurrence étrangère de plus en plus dynamique . 50

De plus en plus de pays ont compris l'intérêt d'une politique de grands évènements très active..........51
Des stratégies de conquête agressives..........54
Des impacts économiques et sociaux extrêmement forts..........58
Une étude spécifique de bilan : l'exemple de l'organisation de la Coupe de l'America à Valence..........60

II- POUR UNE POLITIQUE GAGNANTE DES GRANDS ÉVENEMENTS AU CAMEROUN..........61

1. Définir une politique adaptée aux enjeux.......... 62
Deux conseils aux décideurs publics..........62
Établir un projet pour l'avenir en analysant les secteurs d'intervention prioritaire. ..........64
Insuffler un « état d'esprit grands événements » ..........72

2. Créer une organisation adaptée : L'Agence Nationale pour les Grands Événements.......... 81
Ses missions..........82
Son organisation..........87
Ses priorités..........92

DEUXIÈME PARTIE.......... 95

DES PROPOSITIONS D'ÉVÉNEMENTS.......... 96
Une grille de choix et d'analyse... ..........97
... Et quelques propositions..........100

ANNEXES.......... 107

*Annexe n°1 :*..........108
*Annexe n° 2 :*..........109
*Annexe n° 3*..........111
Annexe n°4..........114
*Annexe n° 5*..........115
*Annexe n° 6*..........116

# LE CAMEROUN

## AUX ÉDITIONS L'HARMATTAN

### *Dernières parutions*

**PROFILS ET PRATIQUES D'ENTREPRENEURS CAMEROUNAIS**
**Expériences et témoignages**
*Kamdem Emmanuel - Avec la collaboration de Raphaël Nkakleu*
Cet ouvrage présente des monographies d'entreprises effectuées au Cameroun, dans le but de mieux connaître l'organisation et le fonctionnement des PME. Il est le résultat d'une étude de terrain menée auprès des différents acteurs impliqués dans la création et la gestion des entreprises. Les différentes expériences entrepreneuriales camerounaises présentées dans cet ouvrage invitent à relativiser ces images et à penser qu'un tel diagnostic peut et doit être revisité. L'ouvrage propose également un cadre de modélisation de l'évolution de la PME camerounaise.
*(Coll. Diversité culturelle et dynamique des organisations, 25.50 euros, 246 p.)*
*ISBN : 978-2-343-03731-8, ISBN EBOOK : 978-2-336-37950-0*

**L'AUTONOMIE FINANCIÈRE DANS LA MISSION D'ÉVANGÉLISATION DE L'ÉGLISE EN AFRIQUE**
**Le cas du Cameroun**
*Ngono Honorine - Préface de Mgr Joseph Atanga*
Les Églises d'Afrique connaissent des difficultés dans la réalisation de la mission d'évangélisation, dont la principale est la prise en charge financière des besoins pastoraux. Face à cette situation, l'auteur propose ici quelques orientations pastorales telles que penser et construire l'autonomie financière de l'Église, revitaliser les structures de gestion des diocèses, renforcer la communion des fidèles et planifier la gestion des ressources.
*(Coll. Églises d'Afrique, 39.00 euros, 408 p.)*
*ISBN : 978-2-343-06180-1, ISBN EBOOK : 978-2-336-37687-5*

**LA PRATIQUE DU CONTRÔLE FISCAL DES PRIX DE TRANSFERT DANS L'ESPACE CEMAC**
**Le cas du Cameroun**
*Ayangma Ayangma Joseph - Préface de Pierre Alaka Alaka*
L'appartenance à un groupe de sociétés confère des privilèges dont les prix de transfert sont l'illustration majeure. L'administration fiscale camerounaise doit donc être précautionneuse face aux flux intergroupes car il y a souvent manipulation frauduleuse des prix de transfert. Le Cameroun a initié, à l'instar des autres États de la

CEMAC, des dispositifs juridiques de contrôle. Ce dispositif en chantier et inabouti est de nature ambivalente au regard de son caractère national et transnational.
*(Harmattan Cameroun, 37.00 euros, 364 p., )*
*ISBN : 978-2-343-04069-1, ISBN EBOOK : 978-2-336-37410-9*

**LE NATIONALISME CAMEROUNAIS DANS LES PROGRAMMES ET MANUELS D'HISTOIRE**
*Segnou Etienne*
*Préface d'Albert Mandjack - Postface de Ferdinand Chindji-Kouleu*
Plus de 50 ans après les faits, un ouvrage tente d'étudier scientifiquement ce qu'on enseigne aux élèves et étudiants camerounais sur l'histoire de la lutte indépendantiste, au Cameroun, ainsi que sur celle de toutes les luttes anticolonialistes dans ce pays. Dans les programmes et manuels d'histoire, le nationalisme camerounais est occulté, présenté de façon vague. L'histoire du nationalisme camerounais renferme des faits qui, s'ils étaient connus de la jeunesse camerounaise, pourraient ébranler les fondements de l'État camerounais.
*(Harmattan Cameroun, 38.50 euros, 392 p., )*
*ISBN : 978-2-343-04706-5, ISBN EBOOK : 978-2-336-37361-4*

**DOUALA ET LA RÉPARTITION SPATIALE DES ENTREPRISES**
**Polarisation et fragmentation**
*Essombe Edimo Nya Bonabebe Jean-Roger - Préface de Bernard Pecqueur*
Cet ouvrage se veut une introduction à la compréhension de l'économie de la ville de Douala, à travers les mutations spatiales à l'œuvre sur ce territoire et sous l'effet des dynamiques de localisation des entreprises en son sein. L'analyse est proposée en intégrant les questions vives de l'économie territoriale (attractivité territoriale, mondialisation, compétitivité...) et en interrogeant le rôle des acteurs situés (privés et publics) pour le développement futur de la ville.
*(Harmattan Cameroun, 29.00 euros, 280 p.)*
*ISBN : 978-2-343-05701-9, ISBN EBOOK : 978-2-336-37402-4*

**JOSEPH CUNIBERT NKONDONGO OBAMA**
**Héraut de l'éducation (1913-1980)**
*Yumbi Protais – Préface de Jean Paul Messina – Postface de Bienvenu Obama*
Cette biographie retrace le parcours atypique d'un homme, héraut de l'éducation et du christianisme social au Cameroun, dont l'existence et l'œuvre sont reléguées aux oubliettes. Pourtant, il a marqué de son empreinte indélébile la vie de plusieurs générations et l'activité socioéducative au Cameroun, dépendant et indépendant. Cet ouvrage constitue un devoir de mémoire et un hommage mérité, car un proverbe dit que «celui qui a planté un arbre avant de mourir, n'a pas vécu inutilement».
*(Harmattan Cameroun, 16.50 euros, 160 p., , Illustré en noir et blanc)*
*ISBN : 978-2-343-05885-6, ISBN EBOOK : 978-2-336-37421-5*

**MIGRATION CHINOISE ET DÉVELOPPEMENT AU CAMEROUN**
*De Prince Pokam Hilaire*
Cette étude vise à explorer le rôle de la migration chinoise dans le processus de développement depuis l'établissement des relations diplomatiques entre

le Cameroun et la République populaire de Chine. Les migrants chinois au Cameroun créent avec le pays d'origine et le pays d'accueil une structure sociale triangulaire dynamisée par leurs multiples activités et contribuent à la réussite de la stratégie «gagnant-gagnant-gagnant». Ils sont à la fois acteurs, effets et enjeux de la mondialisation.
*(Coll. Études africaines, série Économie, 12.50 euros, 106 p.)*
*ISBN : 978-2-343-05606-7, ISBN EBOOK : 978-2-336-37206-8*

**COMMUNICATION ET ENTRAIDE ENTRE MORTS ET VIVANTS EN AFRIQUE**
**L'exemple des Maka du Cameroun**
*Tchouand Mpa John Tomy*
*Préface d'Eugène Booh Bateng*
Cet ouvrage essaie de montrer en quoi la communication cachée, « crypto-communication », peut constituer un vecteur d'entraide entre morts et vivants chez les Maka du Cameroun. À cet effet, une analyse, fondée sur le structuro-fonctionnalisme, l'ethnométhodologie et l'approche dynamiste, a permis de mettre en relief la philosophie existentielle, l'économie communicative et l'entraide entre les morts et les vivants au sein de l'ethnie Maka.
*(Coll. Harmattan Cameroun, 15.50 euros, 152 p.)*
*ISBN : 978-2-343-05500-8, ISBN EBOOK : 978-2-336-37139-9*

**LE VAMPIRISME DES ENTREPRISES CAMEROUNAISES**
**Un frein à l'émergence**
*Verla Fonkika Dinven*
Le vampirisme des entreprises camerounaises ne se limite pas aux seules activités économiques ou à leur rapport avec l'État. En réalité, elles vont jusqu'à aspirer la richesse des populations qui sont expropriées de leurs terres et de leurs ressources. Quand bien même ces populations sont embauchées dans les entreprises, elles perçoivent des salaires dérisoires. Ce livre décrit tout en la décriant la situation dans laquelle des entreprises sans scrupules mettent en péril le projet d'émergence du Cameroun.
*(Coll. Harmattan Cameroun, 13.00 euros, 112 p.)*
*ISBN : 978-2-343-05496-4, ISBN EBOOK : 978-2-336-37189-4*

**UN BÂTISSEUR DE RÊVES**
**Récit de vie**
*Walch-Virgili Dominique*
C'est au cours d'une mission au Cameroun que Dominique Walch-Virgili a rencontré Pierre-Blaise Ango. Cet homme hors du commun est un *leader* inédit du développement agricole africain. Destiné par son grand-père à devenir chef de village traditionnel du centre-est du Cameroun, son parcours atypique l'a conduit à occuper des postes à responsabilité. Sa force : n'avoir jamais renié ses origines et ses valeurs. Cet ouvrage retrace son parcours et sa philosophie.
*(22.00 euros, 224 p., Broché, Illustré en noir et blanc)*
*ISBN : 978-2-343-05713-2, ISBN EBOOK : 978-2-336-37283-9*

## L'ÉDUCATION AU CAMEROUN, ENTRE CRISES ET AJUSTEMENTS ÉCONOMIQUES

*Fozing Innocent*

Cet ouvrage procède à la mesure des paramètres du développement éducatif, de rendement scolaire et des possibilités d'insertion des jeunes issus du système éducatif dans les secteurs productifs de l'économie nationale en période d'ajustement économique. Puis il en tire des enseignements de politique éducative dans une perspective d'engagement du système éducatif dans une dynamique de contribution réelle au processus de développement économique et social du Cameroun.

*(Coll. Éducations et sociétés, 23.00 euros, 220 p.)*

*ISBN : 978-2-343-05076-8, ISBN EBOOK : 978-2-336-37183-2*

## SPECTACLES VIVANTS AU CAMEROUN

**De la production à l'organisation d'une tournée**

*Bizo Aimey, Clerget Marie-Anne*

Ce guide richement illustré met à disposition des conseils, des techniques et des méthodes utiles à la production et à l'organisation d'un spectacle au Cameroun et à l'entrepreneuriat de sa tournée sur un plan local et international : démarches administratives pour l'obtention des autorisations et des visas, méthodes techniques et de financement de la production, de la diffusion et de l'administration d'un spectacle ou d'une tournée, exemples de fiches, de contrats et de budgets...

*(35.00 euros, 376 p.)*

*ISBN : 978-2-343-04443-9, ISBN EBOOK : 978-2-336-37223-5*

## DIDATTICA DELL'ITALIANO

**Livello 1**

*Bikitik Mathias Hyppolite*

Questo libro è destinato agli alunni di classe di 4ème. È il primo di una serie di cinque, per ogni classe della 4ème alla Terminale. (Ouvrage entièrement en Italien.)

*(Coll. Harmattan Cameroun, 20.00 euros, 116 p.)*

*ISBN : 978-2-343-05366-0, ISBN EBOOK : 978-2-336-37123-8*

## THÉORIE ET PRATIQUE DU COURS ENTRE PÉDAGOGIE ET DIDACTIQUE

**Traité de didactique générale à l'usage du normalien**

*Mbia Claude Marie*

La volonté politique d'amélioration du taux d'alphabétisation au Cameroun a entraîné une véritable inflation de la diffusion pédagogique des savoirs, au point que beaucoup perçoivent et conçoivent la fonction pédagogique non pas comme un métier qui s'apprend mais davantage comme une activité relevant du bricolage ou de l'improvisation. Ce traité voudrait contribuer à faire des amateurs de l'enseignement d'aujourd'hui de véritables professionnels de la communication des savoirs de demain.

*(Coll. Enseignement et éducation en Afrique, 15.50 euros, 152 p.)*

*ISBN : 978-2-343-05813-9, ISBN EBOOK : 978-2-336-37204-4*

**L'HARMATTAN ITALIA**
Via Degli Artisti 15; 10124 Torino
harmattan.italia@gmail.com

**L'HARMATTAN HONGRIE**
Könyvesbolt ; Kossuth L. u. 14-16
1053 Budapest

**L'HARMATTAN KINSHASA**
185, avenue Nyangwe
Commune de Lingwala
Kinshasa, R.D. Congo
(00243) 998697603 ou (00243) 999229662

**L'HARMATTAN CONGO**
67, av. E. P. Lumumba
Bât. – Congo Pharmacie (Bib. Nat.)
BP2874 Brazzaville
harmattan.congo@yahoo.fr

**L'HARMATTAN GUINÉE**
Almamya Rue KA 028, en face
du restaurant Le Cèdre
OKB agency BP 3470 Conakry
(00224) 657 20 85 08 / 664 28 91 96
harmattanguinee@yahoo.fr

**L'HARMATTAN MALI**
Rue 73, Porte 536, Niamakoro,
Cité Unicef, Bamako
Tél. 00 (223) 20205724 / +(223) 76378082
poudiougopaul@yahoo.fr
pp.harmattan@gmail.com

**L'HARMATTAN CAMEROUN**
BP 11486
Face à la SNI, immeuble Don Bosco
Yaoundé
(00237) 99 76 61 66
harmattancam@yahoo.fr

**L'HARMATTAN CÔTE D'IVOIRE**
Résidence Karl / cité des arts
Abidjan-Cocody 03 BP 1588 Abidjan 03
(00225) 05 77 87 31
etien_nda@yahoo.fr

**L'HARMATTAN BURKINA**
Penou Achille Some
Ouagadougou
(+226) 70 26 88 27

**L'HARMATTAN SÉNÉGAL**
10 VDN en face Mermoz, après le pont de Fann
BP 45034 Dakar Fann
33 825 98 58 / 33 860 9858
senharmattan@gmail.com / senlibraire@gmail.com
www.harmattansenegal.com

**L'HARMATTAN BÉNIN**
ISOR-BENIN
01 BP 359 COTONOU-RP
Quartier Gbèdjromèdé,
Rue Agbélenco, Lot 1247 I
Tél : 00 229 21 32 53 79
christian_dablaka123@yahoo.fr

Achevé d'imprimer par Corlet Numérique - 14110 Condé-sur-Noireau
N° d'Imprimeur : 127482 - Dépôt légal : mars 2016 - *Imprimé en France*

www.ingramcontent.com/pod-product-compliance
Lightning Source LLC
LaVergne TN
LVHW051357061026
849535LV00009B/3235
* 9 7 8 2 3 4 3 0 8 3 4 6 9 *